Avaliação e Gestão de Desempenho

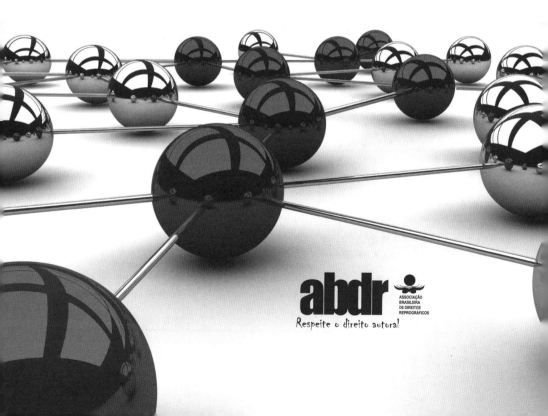

O GEN | Grupo Editorial Nacional reúne as editoras Guanabara Koogan, Santos, Roca, AC Farmacêutica, Forense, Método, LTC, E.P.U. e Forense Universitária, que publicam nas áreas científica, técnica e profissional.

Essas empresas, respeitadas no mercado editorial, construíram catálogos inigualáveis, com obras que têm sido decisivas na formação acadêmica e no aperfeiçoamento de várias gerações de profissionais e de estudantes de Administração, Direito, Enfermagem, Engenharia, Fisioterapia, Medicina, Odontologia, Educação Física e muitas outras ciências, tendo se tornado sinônimo de seriedade e respeito.

Nossa missão é prover o melhor conteúdo científico e distribuí-lo de maneira flexível e conveniente, a preços justos, gerando benefícios e servindo a autores, docentes, livreiros, funcionários, colaboradores e acionistas.

Nosso comportamento ético incondicional e nossa responsabilidade social e ambiental são reforçados pela natureza educacional de nossa atividade, sem comprometer o crescimento contínuo e a rentabilidade do grupo.

Organização: Andrea Ramal

Avaliação e Gestão de Desempenho

Bruno Taranto Malheiros
Ana Raquel Coelho Rocha

gen | LTC

Os autores e a editora empenharam-se para citar adequadamente e dar o devido crédito a todos os detentores dos direitos autorais de qualquer material utilizado neste livro, dispondo-se a possíveis acertos caso, inadvertidamente, a identificação de algum deles tenha sido omitida.

Não é responsabilidade da editora nem dos autores a ocorrência de eventuais perdas ou danos a pessoas ou bens que tenham origem no uso desta publicação.

Apesar dos melhores esforços dos autores, do editor e dos revisores, é inevitável que surjam erros no texto. Assim, são bem-vindas as comunicações de usuários sobre correções ou sugestões referentes ao conteúdo ou ao nível pedagógico que auxiliem o aprimoramento de edições futuras. Os comentários dos leitores podem ser encaminhados à **LTC — Livros Técnicos e Científicos Editora** pelo e-mail ltc@grupogen.com.br.

Direitos exclusivos para a língua portuguesa
Copyright © 2014 by
LTC — Livros Técnicos e Científicos Editora Ltda.
Uma editora integrante do GEN | Grupo Editorial Nacional

Reservados todos os direitos. É proibida a duplicação ou reprodução deste volume, no todo ou em parte, sob quaisquer formas ou por quaisquer meios (eletrônico, mecânico, gravação, fotocópia, distribuição na internet ou outros), sem permissão expressa da editora.

Travessa do Ouvidor, 11
Rio de Janeiro, RJ — CEP 20040-040
Tels.: 21-3543-0770 / 11-5080-0770
Fax: 21-3543-0896
ltc@grupogen.com.br
www.ltceditora.com.br

Capa: Leônidas Leite
Imagem: Joggi2002|Dreamstime.com
Editoração Eletrônica: Design Monnerat

CIP-BRASIL. CATALOGAÇÃO NA PUBLICAÇÃO
SINDICATO NACIONAL DOS EDITORES DE LIVROS, RJ.

M216a

Malheiros, Bruno Taranto
Avaliação e gestão de desempenho / Bruno Taranto Malheiros ; Ana Raquel Coelho Rocha ; organização Andrea Ramal. - 1. ed. - Rio de Janeiro : LTC, 2014.
(MBA Gestão de Pessoas)

Inclui apêndice
Inclui bibliografia e índice
ISBN 978-85-216-2624-4

1. Planejamento empresarial. 2. Planejamento estratégico. 3. Administração de empresas. 4. Administração pessoal. 5. Recursos humanos. 6. Livros eletrônicos. I. Título. II. Ramal, Andrea. III. Série.

| 14-11030 | CDD: 658.4012 |
| | CDU: 005.51 |

Apresentação da série

A gestão de pessoas vem se mostrando cada vez mais decisiva para que as empresas possam realizar as estratégias de negócio de um modo eficaz, destacando-se num mercado altamente competitivo.

Isso ocorre porque as organizações atuam num contexto com características peculiares: enorme velocidade na geração e circulação de informações, tecnologias a cada dia mais avançadas e, ao mesmo tempo, o esgotamento do modelo clássico de produção, rumo ao conceito de sustentabilidade, que supõe um novo modo de viver, produzir e trabalhar, que atenda às necessidades das gerações atuais, sem comprometer a qualidade de vida das gerações futuras.

O conhecimento — mais do que terra, capital ou trabalho — vem se tornando o fator-chave da produção e da geração de riqueza. E como conhecimento está nas pessoas, é delas que a organização precisa saber cuidar. É assim que se situa hoje, nesse cenário, a gestão de pessoas.

A gestão de pessoas inicia com a atração e seleção de talentos, após os objetivos estratégicos do negócio terem sido estabelecidos. O desafio, nesse momento, é descobrir os melhores talentos, seja no mercado ou até mesmo na própria organização, e atraí-los, evitando perdê-los para a concorrência.

O primeiro passo é identificar o perfil mais adequado à empresa, tanto em termos de comportamento como de conhecimento. Diversas são as técnicas que podem ser utilizadas para atrair e selecionar pessoas, e a utilização de redes sociais, bem como a análise das diversas gerações que coexistem no mercado de trabalho hoje em dia, é fator-chave de sucesso nesse processo.

Depois de atraídas, as pessoas precisam querer ficar na organização. Isso requer a montagem de mapas de carreira, avaliações de desempenho e alternativas criativas de remuneração, a fim de que as pessoas sejam recompensadas considerando sua contribuição real para o resultado do negócio.

Além disso, é de fundamental importância garantir que a legislação trabalhista e os acordos coletivos sejam conhecidos e respeitados.

Muitas vezes, para atrair bons profissionais, a remuneração não é tudo. As pesquisas mostram que cresce a quantidade de pessoas que busca, no exercício da profissão, outros benefícios associados a diversos aspectos tais como qualidade de vida, possibilidades de aprendizagem ou de ascensão em pouco tempo.

Assim, tão importantes quanto os processos de recrutamento e seleção, são aqueles relacionados a carreira e sucessão, remuneração, motivação, qualidade de vida, clima organizacional, desenvolvimento e liderança.

Um desafio a mais é o da escassez de pessoas qualificadas. Se por um lado as pessoas são tão importantes e decisivas, elas chegam à empresa muitas vezes sem a formação específica necessária para projetos altamente customizados, vinculados ao conhecimento crítico de cada organização.

Também, o modelo de desenvolvimento sustentável requer outro tipo de profissional que, tanto quanto a capacidade técnica, precisa ter valores e comportamentos condizentes com o contexto contemporâneo. Ele trabalhará em empresas que precisam cumprir as metas da produção, mas ao mesmo tempo reduzir os resíduos tóxicos, usar tecnologias limpas, reciclar materiais, ser empresas "de baixo carbono".

Por isso, faz parte da gestão de pessoas todo o processo de desenvolvimento de profissionais, a fim de, por um lado, muni-los das competências necessárias para implementar adequadamente as estratégias do negócio e, por outro, prepará-los para as possíveis oportunidades de sucessão em postos de liderança ou ainda para um crescimento na carreira em Y, opção cada dia mais comum em empresas altamente especializadas.

Esta série trata dos fatores-chave para gerenciar as pessoas na organização de hoje, em livros com uma linguagem acessível, exemplos e casos práticos que visam associar teoria e prática de forma a instrumentalizar o leitor a aplicar os conceitos apresentados em suas atividades diárias.

Profª Andrea Ramal
Doutora em Educação pela PUC-Rio

Agradecimentos

Agradeço primeiramente à Andrea Ramal, pela confiança de, mais uma vez, me convidar a escrever sobre um assunto tão atual e necessário.

À Sandra Regina Rocha-Pinto, minha orientadora no curso de mestrado.

Aos irmãos Gustavo Malheiros e Rafael Malheiros, sempre presentes e, portanto, fundamentais para este trabalho.

À minha mãe, Helen Solange.

Agradeço aos amigos Luciene Galart, Luiz Felipe Louzada, Silvana Ramos, Teresinha Pinheiro e Sandra Furtado, pela convivência diária.

Aos amigos sempre presentes Jéferson Condorchua, Andreia Jardim, Patrícia Itala, Marcelo Andrade, Mônica Monteiro, Silvina Ramal, Ana Maria Rodrigues e Rodrigo Abrantes.

E, é claro, à grande amiga Ana Raquel Rocha, minha parceira nesta obra. Você foi e é fundamental!

Bruno

Agradeço à Andrea Ramal pela oportunidade de participar não só deste projeto como de outros que, nos últimos anos, contribuíram para minha trajetória profissional.

Ao Bruno Malheiros, grande amigo e parceiro profissional, sempre muito gentil ao lembrar-se de mim para a realização de projetos diversos.

A meus pais, Benedito e Domingas, pelo incentivo ao longo da vida.

Aos amigos Ana Paula Lettieri, Maximiliano Torres, Tatiana Cury, Sonia Lucas e família Gonçalves, por dividirem valorosas experiências acadêmicas e pessoais comigo.

Finalmente, agradeço aos Professores Fernando Arduini, Adélia Araújo e Mariana Moreira, pelo reconhecimento do meu trabalho.

Ana Raquel

Apresentação do livro

Os autores, além de utilizarem uma linguagem simples e de fácil compreensão, organizaram o livro de forma bastante didática — o que torna o texto adequado tanto para o estudante de graduação que está entrando em contato com o tema, quanto para o gerente que deseja aprender um pouco mais sobre o assunto para colocá-lo em prática com a sua equipe de trabalho.

Durante todo o texto os autores convidam o leitor para, através dos exercícios, aplicar o conhecimento teórico apresentado nas páginas anteriores. É, de fato, um excelente exemplo de material teórico-prático.

Foi com grande prazer que li e apresento esta obra. Em um momento em que as pessoas tendem a buscar modelos e práticas que deram certo em determinadas organizações para replicá-las nas suas, os autores destacam a importância de se considerar o contexto em que as organizações estão inseridas. Se não existe um chapéu para todas as cabeças, porque acreditar que as práticas bem-sucedidas em determinadas organizações apresentarão os mesmos resultados em outras?

A avaliação do desempenho das pessoas, das empresas e dos países são temas frequentes, mas mais importante do que avaliar é não perder de vista qual é o seu real objetivo, qual é a relação entre essa avaliação e as outras práticas de Recursos Humanos e de gestão. E essa é uma das principais contribuições dos autores.

Independentemente do tipo, a avaliação não pode ser uma atividade fim, o objetivo final. Só faz sentido avaliar quando existe o real interesse de intervir na situação problema, seja reduzindo os desvios, desenvolvendo as pessoas ou buscando uma maior adequação no contexto em que se está inserido. Em outras palavras, a avaliação de desempenho dos trabalhadores/colaboradores de uma empresa só faz sentido se puder ajudar essas pessoas a melhorar suas competências, a se desenvolver e, ainda, a contribuir com o alcance dos resultados globais.

O mesmo pode ser dito sobre as avaliações de desempenho das empresas, de países, de equipes esportivas, políticas etc. Seu resultado deve servir de insumo para algo mais. A avaliação é uma forma de se conhecer o caminho ou o esforço necessário para se chegar em determinado lugar e, por isso, é atividade meio.

Neste sentido, vamos ao encontro da Teoria Geral dos Sistemas (TGS) e dos conceitos por ela apresentados, tais como a noção de sistemas interdependentes, a visão sistêmica, sistemas abertos que se relacionam com o ambiente e tantos outros.

A Teoria Geral dos Sistemas foi desenvolvida por Bertalanffy, um biólogo que, nos anos 1950, começou a ponderar se as leis que se aplicavam aos organismos biológicos poderiam ser aplicadas a outras áreas.

Os defensores dessa Teoria Geral dos Sistemas sustentam que os sistemas biológicos, assim como os psicológicos e sociais, possuem certas características que são comuns a todos eles. Algumas dessas características são:

1) globalidade ou totalidade: um sistema é mais do que a soma das partes, isto é, quando as partes do sistema (os elementos) são organizadas dentro de um padrão, algo emerge do padrão e do relacionamento das partes dentro dele que é maior ou diferente, do mesmo modo como a água emerge da interação do hidrogênio com o oxigênio;

2) interdependência: toda e qualquer parte do sistema está relacionada de tal forma com as demais partes que a mudança numa delas provocará uma mudança em todas as outras partes e no sistema total. Em outras palavras, pode-se dizer que suas partes se relacionam e se influenciam mutuamente.

3) equifinalidade: finalidade é a realização de uma meta ou execução de uma tarefa atribuída a um sistema. Equifinalidade significa que certo estado final pode ser realizado de muitas maneiras e partindo de diversos pontos.

4) mudança e adaptabilidade: a sobrevivência de qualquer sistema vivo depende de dois importantes processos, a homeostase, que significa que o sistema precisa manter constância face a um meio ambiente em constante mudança, ou seja, designa a característica de manutenção de equilíbrio do sistema; e a morfogênese, que significa que o sistema, às vezes, necessita mudar a sua estrutura básica.

De uma maneira bem resumida, pode-se dizer que, para Bertalanffy e seus colaboradores, cada organismo é um sistema, isto é, uma organização dinâmica das partes e dos processos entre os quais se dão interações recíprocas. Os sistemas podem ser abertos ou fechados. Os fechados não trocam energia, materiais, nem informações com o meio ambiente. Já os abertos o fazem, e são exemplos de sistemas abertos os seres vivos, as famílias, as organizações, as sociedades.

Os sistemas fechados acumulam entropia (grau de desordem de um sistema) que os leva ao caos e à destruição. Nos sistemas abertos ocorrem frequentemente crises. A entrada de novas informações produz consideráveis transtornos no sistema, mas ele cresce em sua organização.

Foi a TGS que deu sentido a frases como "o todo é maior do que a soma das partes" ou "quando uma borboleta bate as asas na América pode acontecer um tsunami no Japão" etc.

A TGS ganhou destaque nos anos 1950 e até hoje está presente nos discursos de presidentes de empresas, de gestores e de quem mais queira parecer "antenado" com o ambiente. Contudo, apesar de serem termos frequentes, eles estão muito mais presentes nos discursos do que nas práticas.

Meu objetivo aqui não é falar sobre a teoria sistêmica, mas mostrar que a forma como os autores apresentam a avaliação e a gestão do desempenho de forma sistêmica vai influenciar na sua finalidade.

Vivemos em uma época em que as pessoas estão cada vez mais preocupadas com os seus resultados, com os resultados da sua equipe, com os resultados do seu departamento. Cada vez mais as empresas estão divididas, departamentalizadas, ou seja, os departamentos vivem em uma constante disputa entre eles, esquecendo que são partes de uma empresa e que a empresa é muito mais do que a soma dos seus departamentos.

Na medida em que os departamentos trabalham como partes interligadas de um sistema aberto, visando ao alcance de um objetivo comum, todos saem ganhando. Em outras palavras, quando os colaboradores trabalham juntos para o alcance de um objetivo único, eles conseguem resultados e desempenhos melhores, maiores, diferentes do que a soma de cada um deles e, dessa forma, a empresa ganha e todos eles ganham.

Nas páginas seguintes vocês aprenderão sobre a gestão do desempenho de forma sistêmica, como ela deve ser, pois só faz sentido avaliar as pessoas e a organização se a gestão do desempenho for considerada de forma integrada com os outros processos de recursos humanos e de gestão da empresa.

Profª Carla Francisca Bottino Antonaccio

Doutora em Psicologia, Gerente de Avaliação de Desempenho (IBGE),
Profª da PUC-Rio

Sumário

Apresentação da série v

Agradecimentos vii

Apresentação do livro ix

Capítulo 1 – A Avaliação e os Subsistemas de Gestão de Pessoas 1

Os processos de administração de recursos humanos 4
O processo de avaliação integrado aos subsistemas
de gestão de pessoas 10

Capítulo 2 – Princípios da Gestão de Desempenho nas Organizações 17

Conceituando gestão e desempenho 20
Relação entre o desempenho individual
e o desempenho organizacional 24
Modelos de gestão de desempenho 28
Gestão da qualidade total (total quality management – TQM)...........29
Administração por números...30
Administração por objetivos..31
Modelo de gestão sistêmica 33

Capítulo 3 – Conceitos Básicos de Avaliação...................................**37**

Questões iniciais sobre a avaliação de desempenho.................................40
Conceitos básicos de avaliação de desempenho.....................................41
 Tipos de avaliação..47
 Vícios de avaliação...51

Capítulo 4 – Ciclo Básico da Avaliação...**55**

Planejamento estratégico e objetivos da unidade....................................58
Contrato de objetivos, indicadores e padrões de desempenho.................61
Acompanhamento dos resultados...66
Momento da avaliação e replanejamento...69

Capítulo 5 – Avaliação como Suporte à Gestão de Desempenho...**79**

A análise do ambiente organizacional e a avaliação de desempenho.......82
O desenho do cenário e a avaliação de desempenho.............................85
O Balanced Scored Card e a avaliação de desempenho.........................88

**Capítulo 6 – Tipos de Avaliação: Competências, Desempenho
e Potencial** **95**

Tipos de avaliação...98
Avaliação de competências..100
Avaliação de desempenho...109
Avaliação de potencial...113

**Capítulo 7 – Ferramentas de Avaliação e Gestão
de Desempenho**...**119**

Ferramentas de avaliação de desempenho..121
 Escalas gráficas de classificação...122
 Escolha e distribuição forçada..124
 Pesquisa de campo..126
 Incidentes críticos...128
 Comparação de pares..130
 Autoavaliação...130
 Relatório de desempenho...132

SUMÁRIO _____ **XV**

Avaliação por resultados 133
Avaliação por objetivos 134
Padrões de desempenho 136
Frases descritivas 138

Capítulo 8 – Quem Avalia Quem? 141

Líder e colaborador se avaliam 147
Colaborador se autoavalia 148
Colegas avaliam o colaborador 149
Cliente externo avalia o colaborador 150
Vantagens e desvantagens na aplicação da avaliação de desempenho 151
Pontos de atenção quando da aplicação da avaliação de desempenho ...153

Capítulo 9 – Planejando o Futuro: *Feedback* e Contrato de Desempenho 157

O que pode estar "nas mãos" das empresas 160
Avaliador, avaliado e o *feedback* na avaliação 162
Contrato de desempenho 164

Apêndice 1 – Modelo de Avaliação de Desempenho 169

Avaliação de desempenho 171

Apêndice 2 – Respostas – Teste Seu Conhecimento 173

Bibliografia 181

Índice 185

Capítulo 1

A Avaliação e os Subsistemas de Gestão de Pessoas

ESTUDO DE CASO

Avaliação de desempenho em uma empresa

Joana trabalhava em uma consultoria da área de tecnologia da informação há seis meses. Devido ao tempo que estava na empresa, passaria por sua primeira avaliação de desempenho.

A consultoria na qual ela trabalhava adotava um modelo avaliativo que só considerava aspectos quantitativos do trabalho executado pelos funcionários. Os critérios eram produtividade, absenteísmo e qualidade (desde que fosse mensurada).

Joana percebeu que o momento da avaliação gerava uma grande comoção em todas as pessoas da empresa. Ela não conseguia entender por que aquele processo, que deveria ser algo comum, era tão valorizado.

Chegou o momento da avaliação, e Joana aproveitaria para conversar com sua gestora sobre a tal comoção. Flávia, a gestora, realizou a avaliação de Joana no Sistema de Recursos Humanos e depois a chamou para conversar. Explicou detalhadamente cada um dos critérios e as notas que tinham sido atribuídas. Joana entendeu todo o processo e concordou integralmente com sua avaliação. Assumiu, ainda, um compromisso de melhoria dos pontos que foram tratados como oportunidade.

Ao final da conversa, Joana perguntou à sua gerente o motivo de a empresa toda se mobilizar nos períodos de avaliação. Flávia explicou que a avaliação iria influenciar em muitos outros aspectos, como:

> • Na remuneração do funcionário avaliado.
> • Na revisão do perfil do cargo para ajuste dos processos de recrutamento e seleção.
> • Na atualização dos planos de carreira.
> • Nos treinamentos que seriam ofertados pela empresa.
> • Na própria avaliação de desempenho.
>
> Somente nesse momento Joana entendeu que a avaliação não é uma prática isolada dentro das atividades de gestão de pessoas. Ela influencia todos os demais processos de RH.

No caso relatado, Joana compreendeu a importância que os processos de avaliação têm nas organizações. Um dos pontos que mais chamou sua atenção foi a relação que a avaliação estabelece com as demais atividades da administração de recursos humanos.

Não é incomum que as atividades desenvolvidas pelas diversas áreas das organizações sejam vistas de forma estanque. Na área de recursos humanos, isso não é diferente. Vários desses processos são realizados com tamanha frequência que há momentos em que não se percebe sua íntima relação. Muitas vezes, mais do que uma íntima relação, é uma relação de interdependência.

A avaliação de pessoas segue essa mesma lógica. Trata-se de uma atividade que estabelecerá sólida relação com as demais frentes de Recursos Humanos (RH). Neste capítulo, vamos aprofundar um pouco essa questão.

◉ Os processos de administração de recursos humanos

O sistema de administração de recursos humanos é composto por alguns grupos de processos. Cada um desses processos é formado por atividades que só fazem sentido quando estão relacionadas. De forma geral, a literatura nos apresenta cinco processos de administração de RH:

1. Agregar pessoas
2. Aplicar pessoas
3. Desenvolver pessoas
4. Manter pessoas
5. Monitorar pessoas

A Avaliação e os Subsistemas de Gestão de Pessoas ———————————————— **5**

> ## ▷ EXERCÍCIO DE APLICAÇÃO
>
> Considerando apenas sua experiência pessoal, em qual desses processos você acha que a avaliação se enquadra?
>
> _____
>
> Continue a leitura do texto para conhecer a resposta!

Os processos de **agregar pessoas** tratam da atração de novos funcionários para preenchimento de oportunidades vagas nas organizações. Representam, portanto, a porta de entrada dos recursos humanos. As principais atividades relacionadas com a agregação de pessoas são o recrutamento, a seleção e a integração de pessoas.

Recrutamento	**Divulgação para o mercado de uma oportunidade em aberto na organização. Nesta etapa, são apresentados os requisitos básicos para o preenchimento da vaga e o processo para a candidatura.**
Seleção	**Segunda etapa da agregação de pessoas. Aqui, todos os que foram recrutados passam por uma avaliação inicial para identificar seu perfil. Para isso, utilizam-se entrevistas, dinâmicas de grupo, testes de conhecimento e de personalidade.**
Integração	**Ambientação do novo funcionário à empresa. Etapa na qual serão apresentados a estrutura organizacional, os procedimentos internos, as questões trabalhistas e todas as outras que os gestores de RH julgarem relevantes.**

Os processos de **aplicar pessoas** tratam da estruturação das atividades que serão desempenhadas por cargo ou função, da orientação e do acompanhamento das pessoas. As atividades ligadas à aplicação de pessoas no âmbito da administração de recursos humanos são:

- Descrição de cargos: detalhamento das funções e tarefas que são desempenhadas na organização por cada um dos cargos.
- Planejamento e alocação de pessoas: estudo da necessidade de pessoas por área da organização, definindo o _headcount_.

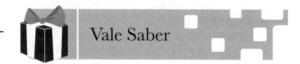

Headcount é um termo da língua inglesa que, na tradução literal, significa número de cabeças. Em Recursos Humanos, diz respeito ao número de pessoas.

- Plano de carreiras: apresentação da evolução das pessoas na empresa, esclarecendo os critérios necessários para tal evolução.
- Avaliação: reflexão sobre o resultado trazido pelas pessoas para a organização diante dos critérios estabelecidos.

Desenvolver pessoas congrega os processos ligados à capacitação profissional e pessoal do quadro de funcionários. Também está relacionado com a gestão de mudanças, a preparação para o desenvolvimento da carreira, os planos de comunicação interna e os programas de qualidade de vida.

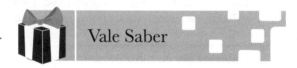

- Capacitação: grupo de eventos de ensino planejado, com o objetivo de construir novos conhecimentos, desenvolver habilidades ou atitudes.
- Gestão de mudança: processos que existem para tentar facilitar a adaptação das pessoas às mudanças organizacionais.
- Planos de comunicação interna: atividades que visam a manter todos os funcionários cientes das informações definidas como essenciais.
- Programas de qualidade de vida: atividades que buscam melhorar a qualidade de vida dos empregados em seu ambiente de trabalho.

A Avaliação e os Subsistemas de Gestão de Pessoas _____ **7**

Os processos de **manter pessoas** são orientados pela importância de se estruturar condições ambientais e psicológicas para que os funcionários tenham condições de exercer suas atividades. As atividades ligadas a esse processo são:

- Administração de salários: inclusão de funcionários e gestão integral da folha de pagamento.
- Gestão de benefícios: administração de benefícios concedidos pela organização, como seguros de vida e de saúde, auxílios para alimentação, apoio a pagamento de estudos, entre outros.
- Segurança do trabalho: definição e acompanhamento de processos relacionados com a garantia da segurança dos empregados no ambiente da empresa e no trajeto da residência para o trabalho.
- Clima organizacional: identificação de pontos positivos e pontos a melhorar no que diz respeito ao clima de trabalho.

Monitorar pessoas inclui processos ligados ao acompanhamento e ao controle das atividades exercidas pelas pessoas na organização. As principais atividades ligadas a esse processo são o desenvolvimento e a manutenção atualizada de bancos de dados, as auditorias de Recursos Humanos e a gestão das pessoas no âmbito da legislação vigente.

Na figura adiante é possível visualizar a relação entre os subsistemas de Recursos Humanos e as atividades desempenhadas. Ela apresenta as atividades de Recursos Humanos separadas por processos, como uma lista simples de trabalhos a serem executados. É preciso compreender, contudo, que essas atividades estão divididas em fases que seguem uma lógica orientada por dois quesitos: a linha do tempo e a fase de realização.

Na linha do tempo, as atividades ligadas à gestão de pessoas acompanham a vida das pessoas nas organizações. Acontecem, portanto, desde o recrutamento até o desligamento do funcionário. Na fase de realização, os processos estão separados em planejamento, execução e avaliação.

Reorganizando a figura, separando as atividades na linha do tempo e nas fases de realização, teríamos uma representação tal qual a figura da página 9.

Note que a figura lista as mesmas atividades apresentadas anteriormente. Entretanto, tais atividades são vistas separadas pela fase na qual estão inseridas e pela linha do tempo — no caso do acompanhamento da vida das pessoas nas organizações. A avaliação está incluída no processo de aplicar pessoas e na fase de gestão. Então, como a avaliação se relaciona com as demais atividades de RH, vistas até aqui? No próximo segmento, aprofundaremos a questão.

Relação entre os processos de gestão de pessoas e suas respectivas atividades

Agregar pessoas
- Recrutamento
- Seleção
- Ambientação

Aplicar pessoas
- Descrição de cargos
- Planejamento e alocação de pessoas
- Plano de carreira
- Avaliação

Desenvolver pessoas
- Capacitação
- Gestão de mudanças
- Comunicação interna
- Qualidade de vida

Manter pessoas
- Administração de salários
- Gestão de benefícios
- Segurança do trabalho
- Clima organizacional

Monitorar pessoas
- Banco de dados
- Auditorias de RH
- Legislação trabalhista

A Avaliação e os Subsistemas de Gestão de Pessoas — 9

Atividades de gestão de pessoas por tempo e fase

Planejamento	Gestão	Monitoria
• Planejamento e alocação de pessoas • Descrição de cargos • Plano de carreiras	• Recrutamento • Seleção • Ambientação • Capacitação • Gestão de mudanças • Comunicação interna • Qualidade de vida • Administração de salários • Gestão de benefícios • Segurança do trabalho • Clima organizacional	• Avaliação • Banco de dados • Auditorias de RH • Legislação trabalhista

Vale Saber

A *Society for Human Resource Management* (SHRM) estabelece dez especialidades na ÁREA de Recursos Humanos, que são:
1. Posicionamento.
2. Manutenção de pessoal.
3. Relações no trabalho.
4. Treinamento e desenvolvimento.
5. Remuneração.
6. Comunicação interna.
7. Organização.
8. Administração.
9. Políticas e planejamento de pessoal.
10. Auditoria e pesquisa.

ESTUDO DE CASO

Joana resolveu se envolver mais com os processos de gestão de pessoas. Agora, estava curiosa para entender melhor como a avaliação se relacionava com as demais atividades de Recursos Humanos. Por isso, comprou um livro sobre o assunto e entendeu que há cinco processos básicos: agregar, aplicar, desenvolver, manter e monitorar pessoas. Ela já entendeu que a avaliação diz respeito à aplicação de pessoas, mas ainda não conseguiu compreender de forma clara como essa avaliação influencia nos demais processos. Como você acha que as atividades de RH se relacionam com a avaliação? Quais as principais descobertas que você acredita que Joana fará?

_____
_____
_____
_____
_____
_____
_____

⊙ O processo de avaliação integrado aos subsistemas de gestão de pessoas

As atividades desempenhadas pelos profissionais de RH estão fortemente interligadas, independentemente da especificidade da atividade. Vejamos alguns exemplos:

- Se o processo de seleção não identifica um profissional que tem as características necessárias para o preenchimento da vaga, a área de treinamento deverá atuar de forma compensatória.

A Avaliação e os Subsistemas de Gestão de Pessoas

- Se o plano de carreira não atende às necessidades das pessoas da organização, é possível que haja maior saída de pessoas, aumentando a demanda sobre a administração de folha e benefícios e sobre as atividades de atração de pessoas.
- Se a segurança do trabalho não cuida de questões ligadas à segurança do trabalhador, a área de legislação terá que arcar com os processos e custos dessa carência.
- Se a comunicação interna não é eficiente, é provável que a avaliação de clima mostre resultado ruim.

Os exemplos mostrados anteriormente são apenas algumas questões para que se reflita sobre o impacto que uma atividade de RH tem sobre a outra. Veja exemplos específicos relacionados com a avaliação:

- Se a avaliação mostra que os funcionários não dominam determinado processo, a área de treinamento deverá atuar para suprir essa carência.
- Se a área de seleção precisa identificar potenciais gestores, pode recorrer à avaliação dos candidatos para auxiliar na identificação do perfil.
- Se o clima organizacional é mal avaliado, é possível que a avaliação revele pistas do porquê do clima ruim.

Enfim, é possível listar diversos exemplos que mostram como as atividades de gestão de pessoas estão fortemente interligadas e como a avaliação se insere nesse contexto. Observa-se que a avaliação pode influenciar as demais atividades de duas formas: como causa ou como consequência.

- Causa: muitas vezes, a avaliação é a causa do impacto nas demais frentes de RH. Por exemplo, uma avaliação malcompreendida pode influenciar na baixa avaliação do clima organizacional.
- Consequência: outras vezes, o resultado das avaliações aparece como consequência de questões das demais frentes. Por exemplo, um processo de seleção falho pode trazer funcionários malpreparados para alguma posição, o que irá gerar uma avaliação ruim.

▷ EXERCÍCIO DE APLICAÇÃO

Você conhece exemplos nos quais a avaliação de desempenho afeta outras áreas como causa ou consequência? Liste alguns exemplos, fruto de sua experiência pessoal.

Causa	*Consequência*

Essa compreensão da relação de causa ou consequência da avaliação com os outros processos de gestão de pessoas é fundamental para a compreensão da importância do domínio de seus conceitos.

Para Pensar

A empresa na qual você trabalha possui um processo formal de avaliação? Em caso positivo, quais os impactos que esse processo de avaliação traz para os demais subsistemas de gestão de pessoas? Converse sobre esse assunto com seus amigos para avaliar como se dá essa relação no mercado.

Todos os processos de gestão de pessoas estão interligados, mas alguns apresentam uma relação mais próxima. Ou seja, uma mudança em um desses processos afetará de forma mais significativa o outro.

O **plano de carreiras** de uma organização pode ser completamente alterado de acordo com o resultado das avaliações. Certamente, essa alteração não se dará com base em resultados individuais, já que o plano de carreira diz respeito à estrutura de gestão de pessoas da instituição. Mas o resultado consolidado de um processo de avaliação pode mostrar que esse plano não foi organizado de forma a atender as necessidades dos profissionais.

Principais subsistemas de RH relacionados com a avaliação

A **seleção** de pessoas também tende a ser fortemente influenciada pelos resultados das avaliações. Se, por exemplo, nota-se que funcionários com baixa experiência tendem a ser mal avaliados em uma determinada atividade, é esperado que a área de seleção redefina o perfil dos profissionais que busca no mercado para solucionar os problemas percebidos e explicitados nas avaliações.

A **capacitação** é, talvez, a área mais influenciada pelas avaliações nas organizações. Frequentemente, o resultado dos processos de avaliação servirá de base para a organização dos eventos que serão ofertados para os empregados. Isso vale tanto para assuntos técnicos quanto para assuntos ligados às relações entre as pessoas. Por exemplo, se uma avaliação traz a informação de que muitos empregados têm dificuldade no uso de um sistema, a capacitação tende a programar eventos instrucionais para atender a essa necessidade. Tal exemplo poderia ser relacionado com assuntos comportamentais, como a qualidade no atendimento ao cliente ou ao processo de comunicação interna.

Comunicação interna é um processo gerenciado pela área de recursos humanos que usa diversas fontes de informação como subsídio para a definição dos conteúdos a serem divulgados, bem como a forma de divulgação. As avaliações influenciam de forma decisiva esse processo, já que apresentam dados acerca das principais dificuldades. Essa relação, de forma mais direta, pode indicar assuntos que precisam ser mais bem esclarecidos junto à equipe de colaboradores. Nesse caso, trata-se de uma mudança nos conteúdos. Por outro lado, também é possível que os resultados da avaliação mostrem que a forma como a comunicação vem sendo feita merece ser revista.

Para os empregados, o maior e mais importante impacto das avaliações está nos **salários**. Tem sido cada vez mais frequente que as organizações atrelem bônus, gratificações e prêmios ao salário dos funcionários como resultado de suas avaliações. Essa relação parte do princípio de que os funcionários que se destacam em sua avaliação são os que mais contribuem para os resultados obtidos. Portanto, merecem ser reconhecidos. Quando uma organização relaciona o desempenho de um empregado, explicitado por sua avaliação, a resultados financeiros, ela propõe uma relação de troca que, em teoria, tende a ser a mais justa. Ou seja, aquele que contribui mais ganha mais. O que contribui menos ganha menos.

O artigo 5.º da Constituição Brasileira proíbe que empregados que realizam atividades de igual complexidade e execução sejam remunerados de forma diferenciada. Por essa razão, as organizações em geral usam benefícios agregados (bônus, gratificações e outros) para realizar a compensação que julgam correta com base nas avaliações.

A área de RH que cuida do cumprimento da **legislação trabalhista** deve estar envolvida constantemente com as avaliações. Isso porque é preciso atuar de forma preventiva, cumprindo as leis e evitando que a empresa venha a sofrer ações trabalhistas, principalmente aquelas relacionadas com a isonomia salarial.

▷ EXERCÍCIO DE APLICAÇÃO

Você acompanha os processos de avaliação da empresa na qual trabalha? Caso positivo, cite exemplos de como a avaliação influencia em cada uma destas áreas:
* Plano de carreira: _____
* Seleção: _____
* Capacitação: _____
* Comunicação interna: _____
* Legislação trabalhista: _____

Quando um profissional atua no processo de avaliação de uma organização, é preciso que ele tenha clareza das áreas que serão influenciadas. Isso porque a avaliação é um processo importante nas organizações e eventuais problemas precisam ser solucionados ainda na etapa de planejamento.

Para Pensar

Que problemas você acredita que um processo de avaliação malconduzido pode gerar para uma organização, em geral, e para a área de Recursos Humanos, em particular?

Resumo Executivo

- Os principais processos de gestão de pessoas são: agregar, aplicar, desenvolver, manter e monitorar pessoas.

- A avaliação é uma atividade ligada ao processo de aplicar pessoas.

- Do ponto de vista da etapa de gestão de pessoas, a avaliação se encontra na monitoria, já que objetiva acompanhar o desempenho dos empregados.

- Os principais processos de Recursos Humanos que se relacionam com a avaliação são: plano de carreiras, seleção, capacitação, comunicação interna, salários e legislação trabalhista.

- Compreender a íntima relação entre a avaliação de pessoas e as demais atividades de Recursos Humanos é fundamental para quem trabalha com gestão de pessoas.

Teste Seu Conhecimento

1. Quais são os processos de Recursos Humanos, e onde se enquadra a avaliação?
2. Quais as principais atividades de RH que se relacionam com a avaliação? Qual é a relação que esses processos estabelecem entre si?

Capítulo 2

Princípios da Gestão de Desempenho nas Organizações

ESTUDO DE CASO

Joana estava cada vez mais interessada em compreender como os processos de avaliação podem influenciar nos resultados das organizações. Ela já sabia que a avaliação não era um fim em si; que existia para ajudar as empresas a melhorarem seus processos de trabalho.

Ela ficou com uma dúvida: se a avaliação busca retratar a qualidade das atividades das pessoas, como esse resultado pode influenciar no desempenho da própria organização? Essa dúvida foi apresentada por ela para uma consultora que estava prestando serviço à sua empresa.

A consultora explicou que, antes de analisar a relação entre a avaliação e os resultados das instituições, era preciso que ela compreendesse os princípios básicos da gestão de desempenho.

Em sua opinião, quais são os principais conceitos que Joana precisa dominar?

_____
_____
_____
_____
_____
_____
_____

⦿ Conceituando gestão e desempenho

Para conceituarmos o termo "gestão de desempenho", é preciso compreender inicialmente o que é **gestão** e o que é **desempenho**.

Gestão é o processo de gerenciamento de algo ou de alguém. Também é frequentemente tratado na literatura como a administração de processos, sistemas ou pessoas. O processo de gestão é caracterizado pelo esforço de uma ou de mais pessoas na busca de crescimento (econômico, científico, tecnológico etc.). Todas as instituições são geridas, apesar de ser comum encontrar aquelas nas quais não há clareza do modelo de gestão adotado — é uma gestão não explícita.

O conceito de gestão surge após a Revolução Industrial, quando os modelos produtivos começam a se submeter ao conhecimento científico desenvolvido na área da administração. Vale lembrar que a administração de empresas só se tornou uma área de estudo independente na década de 1950, quando a Universidade de Harvard fundou o primeiro curso de graduação que tratava desse assunto. Por isso, apesar de ser possível encontrar discussões sobre os processos de gestão no século XVIII, estes só viriam a se ampliar na segunda metade do século XX.

Todas as áreas que possuem um grupo de pessoas são gerenciadas, ainda que de forma implícita. Nas organizações, a gestão tende a se especializar, de acordo com a atividade. Por isso, encontramos termos como: gestão de pessoas, gestão financeira, gestão de marketing etc.

Pesquisadores da administração indicam que o processo de gestão se sustenta sobre quatro pilares: planejar, organizar, dirigir e controlar.

Planejar é o pilar da gestão que inicia esse grupo de atividades. O planejamento consiste na estruturação mental do que será realizado com vistas a alcançar uma meta. O estabelecimento dessa meta é dado pela própria organização, razão pela qual a organização aparece como a base do modelo.

Organizar significa sistematizar os esforços que serão empreendidos na busca da meta. O processo de organização estrutura as ações por etapa, define responsáveis, estabelece resultados intermediários e prepara um cronograma de trabalho.

Dirigir é o pilar mais facilmente associado à gestão. Como é possível inferir, dirigir é dar a direção, apresentar um caminho. Se, no planejamento, esse caminho é definido e, na organização, são estruturadas as questões principais para que se chegue ao que foi previsto, a direção é a orientação para que as etapas anteriores sejam cumpridas.

Acompanhar é garantir que a direção está correta. É a atividade de gestão que mais consome tempo, já que ela está presente desde o planejamento até a conclusão de cada uma das atividades previstas.

A gestão pode ser uma atividade estanque ou um processo contínuo. Isso dependerá essencialmente do objeto gerenciado. Se há um projeto com tempo de duração, o término da gestão acontece junto ao término do projeto. Por outro lado, uma empresa é gerenciada todos os dias, como uma atividade contínua.

▷ EXERCÍCIO DE APLICAÇÃO

Para tornar explícito o conceito apresentado, pense na empresa na qual você trabalha ou em outra que conheça. Agora, identifique atividades relacionadas a cada um dos pilares da gestão:

Planejar _____
Organizar _____
Dirigir _____
Acompanhar _____

Para Pensar

Que impactos pode causar a ausência de gestão ou a má gestão em uma organização?

Desempenho, também chamado de *performance*, é a mensuração do rendimento de algo ou de alguém. É possível medir diversos desempenhos, como:

- Desempenho organizacional.
- Desempenho financeiro.
- Desempenho de marca.
- Desempenho das pessoas.

O termo desempenho era frequentemente associado ao uso de máquinas. No auge do processo de industrialização, garantir o desempenho dessas máquinas era garantir o sucesso de um negócio. Isso se devia ao fato de que os equipamentos eram essencialmente responsáveis pela produção em um cenário carente de produtos — alta demanda e baixa oferta. Por isso, quanto melhor fosse o desempenho de um equipamento, melhor seria o resultado da organização.

O rápido avanço tecnológico e as mudanças das relações de trabalho fizeram com que o termo "desempenho" passasse a se aplicar também às pessoas. Portanto, falar de desempenho humano é falar de um conjunto de esforços que a pessoa apresenta para atingir um objetivo preestabelecido.

Se fizermos uma análise do conceito de desempenho nas últimas décadas, veremos que ele sofreu algumas mudanças, como se pode ver na figura da página 23. Ela mostra que as mudanças que vão das décadas de 1970 a 1990 são importantes, mas não apresentam ruptura com o modelo anterior. É fato que essas mudanças consideram o desejo de realizar, como se este fosse uma decisão exclusiva da pessoa. Tal desejo se manifestaria por razões que a literatura não é completamente capaz de explicar.

O início dos anos 2000 trouxe uma ruptura com o modelo antigo, ao associar o desempenho à equação que considera somente as relações humanas e as relações de trabalho. Nessa nova perspectiva, dois pontos são considerados: a relação que a pessoa estabelece com seu empregador e a que estabelece com os demais membros da organização (chefes, pares, fornecedores etc.). Cada uma dessas relações possui expectativas distintas.

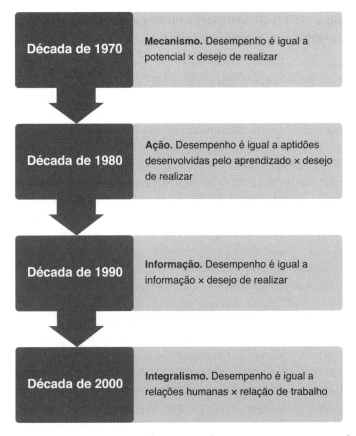

- Relações humanas: tratam da camaradagem entre as pessoas; do suporte por parte dos chefes e das áreas de suporte; do sentimento de pertencimento ao grupo; da confiança nos demais.
- Relações de trabalho: abordam questões práticas como salário; benefícios; relações de trabalho (formas de contratação); qualidade de vida.

Souza et al. (2009) conceituam desempenho como:

"(...) *ação intencional, decorrente da aplicação de potenciais e competências, que permite o alcance de resultados desejados. Devido à influência de variáveis distintas, o indivíduo não pode ser responsabilizado isoladamente, pelos resultados obtidos.*" (p. 24)

Compreendendo o que é gestão e o que é desempenho, podemos definir a gestão de desempenho como o acompanhamento sistemático da contribuição de cada membro da organização, de suas áreas e do todo. Em outras palavras, gerenciar desempenho é acompanhar todos os resultados, intervindo em prol do cumprimento dos objetivos ou metas estabelecidos.

◉ Relação entre o desempenho individual e o desempenho organizacional

A maioria das organizações privadas, em um cenário globalizado, precisa se diferenciar das demais para conquistar uma fatia do mercado. A diferenciação, como vantagem competitiva, pode acontecer por três vertentes: tecnologia, processos e pessoas. A diferenciação por tecnologia supõe o investimento em máquinas e programas de alta capacidade que armazenam e auxiliam na interpretação de dados. A diferenciação por processos se dá pela forma como a empresa executa uma determinada atividade. A diferenciação por pessoas acontece quando uma organização é capaz de selecionar, capacitar e reter grandes talentos. Agora, uma análise mais cuidadosa mostra que tecnologia e processos são feitos por... pessoas!

Na atualidade, tornou-se comum afirmar que, para uma organização evoluir, ela precisa investir no conhecimento. Ora, o conhecimento está nas pessoas! Portanto, essa crença parte da ideia de que é preciso investir no processo de formação e qualificação dos empregados. Essa ação traduziria os esforços da empresa em resultados compatíveis com sua expectativa.

Acontece que investir na formação dos profissionais pode não gerar o resultado esperado. Não são incomuns casos de organizações que investiram verdadeiras fortunas em programas de capacitação e, ao mesmo tempo, não perceberam avanços nos resultados financeiros e em outras metas estabelecidas. Isso acontece porque o conhecimento é um dos requisitos para que se execute uma atividade, mas não garante que a pessoa realmente a executará da forma como lhe foi ensinado.

É por isso que se tornou tão comum avaliar o desempenho das pessoas. A tentativa de garantir que as atividades serão realizadas da forma como foram planejadas, gerando com isso o resultado esperado pela organização é chamada, comumente, de gestão de desempenho. Mas, afinal, como acontece a gestão de desempenho?

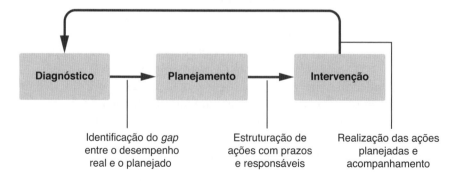

Há diversas formas, apresentadas na literatura, para se organizar o processo de gestão de desempenho. O modelo apresentado é uma consolidação daquelas que parecem ser mais significativas.

O processo de gestão se inicia com o diagnóstico do desempenho. Nessa etapa, aquele que diagnostica quer compreender a distância entre o desempenho real e o planejado. Acontece que só é possível compreender o quanto o resultado real se distancia do planejado se houver clareza e visibilidade sobre qual é o desempenho real e qual é o planejado. Para isso, é necessário que a empresa defina critérios e indicadores.

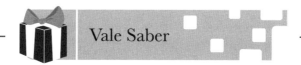

Vale Saber

Critérios: "(...) princípios que servirão de base para o julgamento da qualidade dos desempenhos" (Depresbiteris, 2007, p. 37). Em outras palavras, um critério é a nomeação delimitada de algo que é passível de avaliação.

Indicadores: medida tangível de um critério.

Realizada essa etapa, parte-se para a compreensão dos fatores que afastam o desempenho real do desempenho planejado. Afinal, em princípio, o indicador de um critério não é atingido por alguma razão.

Para Pensar

Na literatura, comenta-se que o desempenho muitas vezes não é atingido pelo erro no cálculo do indicador. Com isso, o empregado pode, por vezes, ser responsabilizado indevidamente. Como você avalia essa situação?

A identificação dos fatores geradores do *gap* é o que permitirá que se planeje alguma intervenção. O tipo de intervenção dependerá dos problemas que foram encontrados. É possível, em uma avaliação, identificar problemas:

- Técnicos: como o mau uso de um equipamento ou de uma máquina.
- Processuais: como a execução incorreta ou incompleta de um procedimento de trabalho.
- Comportamentais: como a má relação com colegas de trabalho, clientes, fornecedores etc.

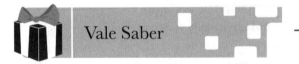

Todo processo de avaliação é um processo de ajuda ao outro. Não faz sentido avaliar se não houver o interesse genuíno de intervir na situação-problema visando à melhoria do desempenho.

▷ EXERCÍCIO DE APLICAÇÃO

Que tal realizar uma autoavaliação de desempenho? Para exercitar o conceito que acabou de ser visto, faça, de forma crítica, a listagem dos desempenhos que são esperados de você em seu trabalho — ou de algum parente ou amigo — e associe-os aos comportamentos reais:

Desempenho esperado	*Desempenho real*
_____	_____
_____	_____
_____	_____
_____	_____
_____	_____
_____	_____

Para Pensar

Você conhece gestores que realizam a avaliação de desempenho sem ter o foco real em ajudar o outro a melhorar? Como você avalia essa situação?

Souza et al. (2009) definem gestão de desempenho nas seguintes etapas:
1. Avaliar a extensão da discrepância entre o real e o planejado.
2. Identificar os fatos geradores da discrepância.
3. Tomar decisões para eliminar as fontes dos problemas.

Note que, tão importante quanto avaliar a discrepância entre o ponto real e o planejado, é definir as decisões que se prestarão a corrigir tais problemas. Isso significa que o processo de gestão de desempenho é cíclico.

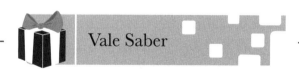

Vale Saber

Sempre que se gerencia desempenho, é possível identificar dois conceitos distintos: desempenho real e desempenho potencial.

Desempenho potencial – é uma estimativa do desempenho que é possível se verificar.

Desempenho real – é a confirmação ou a refutação do desempenho potencial.

É extremamente importante diferenciar a gestão de desempenho da avaliação de desempenho. Enquanto a avaliação tem enfoque individual — identifica desempenho de cada pessoa —, a gestão de desempenho tem um enfoque global, voltado para a organização. Por isso, ao se falar de gestão de desempenho, estamos falando de um modelo de atuação gerencial integrado.

Em outras palavras, o resultado de um processo de gestão de desempenho deve possibilitar ao gestor vislumbrar o resultado geral da organização, sendo capaz de avaliar as diferentes perspectivas (financeira, comercial, de pessoas etc.).

◉ Modelos de gestão de desempenho

Durante muitos anos, a gestão de desempenho foi realizada de forma implícita. Não havia modelos passíveis de serem estudados e testados para que se escolhesse o que melhor atende a uma determinada organização com base na racionalidade. Sabe-se que o modelo que prevalecia no pós-Revolução Industrial era o fordismo. Portanto, o desempenho era essencialmente gerido pela checagem de atuação das pessoas na comparação com o que era esperado em suas atividades.

Fordismo é a denominação conferida ao modelo de produção em massa implementado por Henry Ford (1863-1947) em sua companhia de produção de motores de carro. Ford baseou-se em Frederick Taylor (1856-1915), que pregava a padronização máxima de todas as atividades produtivas. Valorizando a padronização, Ford dá início à primeira grande linha de produção. Por essa razão, o fordismo frequentemente é associado ao taylorismo.

A partir da década de 1950, os estudos da administração se preocuparam em identificar modelos mais amplos de compreensão do desempenho, aprofundando suas análises. Os principais modelos que a teoria nos apresenta são:

- Gestão da qualidade total (*total quality management* - TQM).
- Administração por números.
- Administração por objetivos.
- Modelo de gestão sistêmica.

> **Para Pensar**
>
> Você é capaz de dizer com clareza qual o modelo de gestão adotado em sua empresa? Caso não trabalhe, consegue nomear o modelo de gestão de uma empresa que conheça um pouco melhor?

◣ Gestão da qualidade total (total quality management – TQM)

O modelo de gestão da qualidade total, como é possível supor pelo nome, prega que o quesito **qualidade** deve ser o ponto principal a ser avaliado em todas as etapas do processo produtivo de uma organização. O "total" refere-se não só aos departamentos envolvidos (produção, comercialização, finanças etc.), mas a todos os escalões, do operacional ao estratégico.

O caso mais emblemático e que, por isso, se tornou referência ao estudar a TQM foi a aplicação desse modelo de gestão na Toyota, empresa japonesa do setor automotivo. A aplicação desse modelo na citada organização foi tão bem avaliada que alguns autores nomeiam a TQM de modelo Toyota.

A TQM tem origem em vários outros modelos, sendo os principais:

- O cartesianismo: separação do todo nas menores partes possíveis.
- O taylorismo: ênfase nas tarefas e no aumento da produtividade.
- O controle estatístico dos processos: separação dos grandes e pequenos problemas e desmembramento destes em causas e consequências.

A partir de uma singular interseção entre esses modelos, algumas estratégias foram incorporadas com vistas ao reforço do conceito de qualidade total, como a inspeção na fonte (evitar que o produto com defeito passe por outras etapas do processo de produção, gerando custo e podendo ser percebido pelo cliente final); a inspeção de 100% e não de amostras (garantir o defeito zero); a diferenciação dos erros cometidos pelos trabalhadores e dos erros de processos de trabalho, de tecnologia ou de gestão.

Sob esses conceitos, a TQM definiu sua forma de gestão, pautada por:

- Uma abordagem sistemática (as diferentes etapas de produção não funcionam de forma isolada).
- Automação dos processos de trabalho, com separação clara entre as atividades do homem e da máquina.

- Implantação do modelo *just in time*, no qual a produção trabalha para atender à demanda.
- Completa eliminação de perdas, realizada pela meta de "defeito zero".

> **Para Pensar**
>
> Você acredita que o modelo de gestão da qualidade total está obsoleto? Nas empresas que você conhece, ele é aplicado?

Os teóricos da administração frequentemente associam esse modelo às décadas de 1940 e 1950, buscando relacionar o período histórico às concepções de gestão de desempenho. Vale ressaltar, contudo, que nos dias de hoje inúmeras empresas atuam no modelo de gestão da qualidade total, principalmente as indústrias de produção complexa em alta escala, como a automobilística e a têxtil.

O modelo está tão presente em nossa cultura que uma das metas de diversas organizações é atingir a certificação de seus negócios com foco da qualidade total, como a ISO 9001.

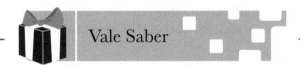

> **Vale Saber**
>
> O termo ISO vem do inglês *International Standardization Organization*, ou Organização Internacional de Padronizações. Trata-se de uma instituição modeladora e certificadora de processos de trabalho.
>
> A ISO 9001 é um conjunto de regras (ou requisitos) que define os critérios para que a organização alcance a certificação.

◣ Administração por números

A administração por números, como é possível supor pelo nome, busca converter todos os tipos de atividade desempenhados pela empresa em números. A partir daí, a alta administração passa a definir quais são os números ideais para a sustentação do negócio. Essa "meta", definida pelo alto escalão, deveria ser perseguida por todos os que atuassem na organização.

Acontece que, em não raras oportunidades, os gestores das organizações estabeleciam metas que correspondiam a seus anseios, às suas vontades. Não consideravam a realidade do mercado, as possibilidades reais com os recursos oferecidos aos trabalhadores e, muito menos, os interesses e as necessidades da força produtiva. Números acabaram se mostrando insuficientes para gerar nas organizações o compromisso com seu atingimento. Daí, surge a administração por objetivos.

> **Para Pensar**
>
> Alguns teóricos da administração dizem que a gestão de desempenho baseada em números está ultrapassada. Você concorda com isso?

◀ Administração por objetivos

O conceito de Administração por objetivos (APO) foi apresentado por Peter Drucker (1909-2005) em 1954 no livro *The Practice of Management*. Sua proposta era a de que gestores e empregados fossem capazes de falar a mesma língua quanto ao modelo de gestão das organizações. Drucker entendia que os números apresentados pelos responsáveis pela organização não seriam capazes de motivar, de forma efetiva, a força de trabalho. Por outro lado, seria possível acordar objetivos a serem atingidos por cada uma das pessoas em sua atividade específica.

> **Vale Saber**
>
> Peter Drucker é considerado o pai da administração moderna. Esse autor e professor escreveu mais de 30 livros e dezenas de artigos na área. Há quem defenda que qualquer teoria de administração moderna que não parta de seus trabalhos não é efetiva.

A administração por objetivos está calcada em três pontos: definição clara de objetivos, definição de prazos para conclusão e monitorização das atividades.

Definição de objetivos	É a apresentação clara do tipo de comportamento ou do resultado que se espera de um empregado.
Definição de prazos	É a apresentação do prazo que o empregado tem para apresentar um determinado comportamento ou atingir um resultado.
Monitorização	É o acompanhamento frequente para que se garanta que os objetivos acordados serão atingidos.

Esse não é um processo estático. Pelo contrário, as etapas de definição de objetivos e de prazos são revistas frequentemente, fruto, principalmente, do processo de monitorização.

A diferença fundamental entre o modelo de administração por objetivos (APO) e a administração por números está na questão do compromisso. A administração por números tende a formular um resultado que atenda às expectativas do investidor. A administração por objetivos relaciona os anseios do investidor às necessidades e aos desejos da força produtiva.

O modelo de gestão de desempenho baseado na avaliação por objetivos faz com que a relação entre gestores e gerenciados seja necessariamente uma relação de confiança. Não é possível estabelecer ou aceitar metas que não são acordadas previamente e considerá-las justas e alcançáveis, por ambas as partes. Talvez por isso, esse modelo tenha se difundido tanto nos últimos anos.

As principais características da APO são:

- Descentralização das decisões.
- Definição de objetivos de forma conjunta.
- Necessidade de planejamento estratégico com clareza de metas e prioridades.
- Criação de laços de parceria entre chefes e subordinados.
- Íntima relação dos objetivos às metas organizacionais.

◤ Modelo de gestão sistêmica

A gestão da qualidade total foi uma introdução aos modelos de gestão de desempenho contemporâneos. Sua forte inclinação para a busca incessante da padronização e da redução de erros fez com que métodos e processo de gestão se aperfeiçoassem, principalmente pela clareza de que seria possível controlar as atividades. A administração por números também trouxe avanços, já que ela mostrava a importância de se estudar o *gap* para identificar os motivos de não atingimento do resultado planejado. A APO veio apresentar a importância da participação da força produtiva não só no cumprimento das metas, mas também em sua definição. A partir desta, notou-se que o empregado precisa assumir um compromisso genuíno com a organização para incorporar metas que não são do outro, mas suas.

Gap é uma palavra inglesa que significa *lacuna* ou *vão*. Na língua portuguesa e, mais especificamente, no ambiente empresarial, nomeamos *gap* a distância que existe entre uma meta planejada e seu resultado real.

As demandas do mercado, principalmente a partir da década de 1990, mostraram que todos os modelos de gestão de desempenho tinham suas vantagens, mas havia carência quanto a um modelo que abordasse todas as questões, da qualidade do produto à qualidade percebida pelo cliente, dos anseios dos investidores aos desejos dos empregados; das ações de marketing aos resultados contábeis e financeiros. É a partir desse momento que se começa a falar em gestão sistêmica. A organização passa a ser percebida como um sistema complexo, no qual os resultados de uma determinada área afeta diretamente a outra e qualquer uma delas é capaz de alterar significativamente os resultados gerais.

A implantação do modelo de gestão sistêmica só se dá efetivamente quando a organização é capaz de integrar todas as áreas, rompendo as barreiras funcionais. Se na APO os objetivos eram definidos com clareza para cada membro da organização, na gestão sistêmica os objetivos de desdobram em metas por processos, não seguindo necessariamente o modelo de organograma rígido de grande parte das empresas.

A gestão sistêmica se fundamenta na teoria geral dos sistemas (principalmente nas áreas de informática e ciências da informação), que tem como características:

- Integração entre as várias ciências.
- Valorização de questões difíceis de serem mensuradas (percepção, clima etc.).
- Formulação de princípios que orientam todos os membros da organização.

ESTUDO DE CASO

Joana entendeu agora que o modelo de gestão de desempenho adotado pela organização influenciará em seus processos de avaliação. Ela ficou apenas um pouco confusa com a quantidade de informações sobre cada um dos modelos e pediu que a consultora a ajudasse fazendo um breve resumo. E você? Que tal seguir a dica e fazer um resumo com suas palavras?

Modelo de gestão da qualidade total
_____
_____
_____
_____

Modelo de administração por números
_____
_____
_____
_____

Modelo de administração por objetivos
_____
_____
_____
_____

Modelo de gestão sistêmica
_____
_____
_____
_____

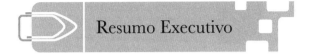

Resumo Executivo

- Gestão de desempenho é o processo de acompanhamento das atividades de uma organização nos níveis individual, departamental e geral. Conta ainda com a intervenção, sempre que necessária, em prol dos resultados planejados.

- As organizações buscam medir seu desempenho pelo desempenho de seus colaboradores. Isso acontece porque o desempenho individual tem impacto direto no desempenho organizacional.

- A gestão de desempenho utiliza a avaliação como instrumento e processo.

- Há diversos modelos de gestão de desempenho, sendo os principais: gestão da qualidade total (*total quality management* – TQM); administração por números; administração por objetivos; modelo de gestão sistêmica.

- A TQM valoriza a qualidade dos processos, entendendo por qualidade a padronização e a redução de erros.

- A administração por números estabelece para a força de trabalho, metas que levem os investidores a ter os resultados que planejam.

- A administração por objetivos visa a levar o empregado a assumir um compromisso com os seus próprios objetivos, sendo estes diretamente relacionados aos da empresa.

- O modelo de gestão sistêmica entende a organização como um sistema orgânico, que só pode ser avaliado de forma integrada.

Teste Seu Conhecimento

1. Defina com suas palavras o termo "gestão de desempenho".
2. Qual a relação entre a avaliação e a gestão de desempenho?
3. Quais as principais características dos modelos de gestão a seguir:
    a. Qualidade total
    b. Administração por números
    c. Administração por objetivos
    d. Gestão sistêmica

Capítulo 3

Conceitos Básicos de Avaliação

ESTUDO DE CASO

Dando sequência ao seu interesse, Joana percebeu que agora sim era capaz de definir com clareza o conceito de gestão de desempenho. Também compreendia que a avaliação é um processo fundamental para essa gestão da organização. Acontece que Joana ainda tinha várias questões em aberto, sobre a própria avaliação. Sabia que, no dia a dia, as pessoas avaliam o tempo todo as coisas ao seu redor. Mas como acontece o processo de avaliação de desempenho na organização? Que princípios a norteiam? Qual o seu objetivo? Que tipos de avaliação existem?

E você? Antes de ler este capítulo, pense a respeito do que você compreende por avaliação e registre a seguir:

_____
_____
_____
_____
_____
_____
_____
_____
_____
_____

⊙ Questões iniciais sobre a avaliação de desempenho

Talvez a discussão sobre a estrutura de um processo de avaliação de desempenho seja uma das mais complexas que se pode ter na área de gestão de pessoas. Isso porque o homem da nossa cultura tem o forte hábito de avaliar o outro e sabe que está sendo avaliado, em qualquer situação, constantemente. Acontece que essa ação é ambivalente na perspectiva psicológica. Bergamini e Beraldo (2012) afirmam que:

> *Ao mesmo tempo em que ele deseja saber a opinião do outro sobre si, ele a nega ou rejeita. Deseja expressar seu julgamento sobre as pessoas e tem medo de fazê-lo. (p. 11)*

A questão que se põe e que torna a discussão sobre a avaliação tão complexa é a tentativa de compreender por que uma pessoa age de uma determinada forma. Isso só pode ser feito por meio da percepção, da impressão e do julgamento de outra pessoa. Em outras palavras, trata-se de um processo permeado de subjetividade, no qual a avaliação é feita com base nos valores de quem julga.

Os processos formais de avaliação de desempenho são construídos de modo que seja possível diminuir ao máximo a influência dos valores pessoais, aumentando o peso das questões observáveis e mensuráveis. De qualquer maneira, ainda que fosse possível excluir a subjetividade (o que efetivamente não é possível), seria necessário que aquele que sofre o processo avaliativo estivesse disposto e aberto a receber críticas no sentido de ajustar seu comportamento, o que nem sempre é a realidade. Reconhecer seus próprios pontos fracos e investir neles requer um nível de autoconhecimento bastante avançado.

Até aqui, vimos que ao ser avaliado você passa:

- Pela percepção de alguém.
- Pelo julgamento de alguém.
- Pela sua disponibilidade para ouvir e aceitar.
- Pelo seu nível de autoconhecimento para lidar com a avaliação.

Bergamini e Beraldo (2012) chamam a atenção para o que Carl Rogers trata por avaliação contaminada. Nesse molde de avaliação, há uma enorme dificuldade para separar o objeto avaliado dos valores pessoais de quem avalia.

Carl Rogers (1902-1987) foi um psicoterapeuta norte-americano que estudou em profundidade as questões psicológicas da aprendizagem. Dentre suas obras mais conhecidas, destacam-se *Tornar-se pessoa* e *Liberdade para aprender*.

> *"Essa condição produz uma contaminação na avaliação que a pessoa faz, sendo o resultado então pouco preciso e bastante subjetivo. Esse é um fenômeno normal e de alguma forma as pessoas têm consciência disso, podendo, inclusive, verificar-se o uso pelas pessoas de alguns mecanismos que facilitam a convivência com a ambivalência típica desse processo. Um desses mecanismos é a fuga. A pessoa evita manifestar seu julgamento, esquivando-se do compromisso que envolve o ato de avaliar." (p. 17)*

Outra questão importante ao discutir a avaliação de desempenho é perceber que saber, no nível cognitivo, e dominar as habilidades, no nível psicomotor, não são suficientes para que uma pessoa faça o que é esperado. Se assim fosse, não veríamos médicos fumantes, nutricionistas obesos ou psicólogos depressivos.

É intrigante entender como o retorno de uma avaliação pode efetivamente ajudar uma pessoa, se vem permeada de tantas questões que antecedem essa possível ajuda. Mas antes de aprofundar esta questão, vamos tentar entender o que é avaliação.

⦿ Conceitos básicos de avaliação de desempenho

Frequentemente, encontram-se profissionais que criticam a avaliação nas organizações pelo que ela poderia ser: um instrumento de controle e de coerção. É preciso admitir que não é difícil identificar gestores que a utilizem por essa perspectiva. Entretanto, as organizações de forma geral não admitem essa possibilidade, principalmente em seu discurso.

A Revolução Industrial introduziu o conceito de mecanização da produção e padronização dos processos de trabalho. Essa mecanização e padronização foram levadas ao extremo no século XIX e no começo do século XX. Para que elas ocorressem da forma prevista, era necessário que os detentores do capital tivessem total controle das atividades realizadas pelos trabalhadores, o que os levou a criar processos e normas rígidas, capazes de garantir o cumprimento do que era exigido.

No final do século XX, principalmente por conta da evolução tecnológica, que passa a exigir menor repetição de atividades e maior iniciativa por parte da mão de obra em geral, os processos normatizadores que geram *checklist* detalhado de atividades passaram a ser vistos com maior desconfiança. Isso porque tal controle poderia levar o trabalhador a não assumir a responsabilidade esperada no que tange às suas competências profissionais. Afinal, ele estaria apenas cumprindo os passos previstos nos processos que foram desenhados pelos gestores.

> **Vale Saber**
>
> Para Zarifian, a competência profissional é uma combinação de conhecimentos, de saber fazer, de experiências e comportamentos que se exercem em um contexto preciso. Ela é constatada quando de sua utilização em situação profissional, a partir da qual é passível de validação. Compete então à empresa identificá-la, avaliá-la, validá-la e fazê-la evoluir (2001, p. 66).

Além da questão da assunção de responsabilidade em suas competências, uma forte corrente passou a imperar: aquela que defendia o respeito à individualidade nas relações de trabalho. A teoria das relações de trabalho divide a relação entre trabalhadores e empregadores em algumas correntes (Merçon, 2006):

- Liberalista.
- Contratualista.
- Contratualista intervencionista.
- Anticontratualista.
- Administrativa.

O processo de controle da produção mudou em cada uma dessas correntes, o que implicou a mudança da forma de avaliar as atividades profissionais. A primeira corrente, **liberalista**, pregava que a relação de trabalho deveria ser criada, na maioria das vezes de forma tácita, pelo empresário e pelo trabalhador. Por motivos óbvios, o empresário acabava tendo alguma vantagem nessa negociação, já que era ele quem tinha a propriedade das máquinas, conhecia os processos produtivos e era detentor da matéria-prima. Nesse tipo de relação de trabalho, o processo de avaliação se dava pela exigência de que o trabalhador cumprisse exatamente o que foi solicitado pelo proprietário dos recursos.

Com a consolidação das instituições governamentais, diversos estados criaram leis que passaram a regulamentar as relações de trabalho. Surge a corrente **contratualista**, na qual o Estado interfere na relação de trabalho, determinando como esta deve se dar. A partir desse momento, o empregador passa a ter que obedecer algumas regras, levando-o a não poder estabelecer os limites da atividade profissional. O Estado regulamenta a carga horária, os tipos de atividade e, muitas vezes, até a remuneração mínima. A corrente contratualista representa as relações que levam os mínimos detalhes para o contrato de trabalho. Portanto, a avaliação aqui é vista como um instrumento que certifica o cumprimento do que se encontra no contrato.

A corrente **contratualista-intervencionista** é muito similar à anterior. Acontece que agora o Estado passa a regulamentar as relações de trabalho de forma mínima, permitindo que vários pontos sejam fruto da negociação entre as partes envolvidas. Como é possível inferir, a avaliação se torna uma forma de mensurar tanto as garantias mínimas do trabalhador quanto os aspectos negociados por ambas as partes.

A evolução nas relações de trabalho levou diversos pensadores da administração e do direito a pregar o **anticontratualismo**. Nessa teoria, o contrato de trabalho deveria ser totalmente negociado entre trabalhador e empresário, de forma tácita ou explícita, sem a intervenção do Estado. No Brasil, diversos pensadores têm levantado essa discussão, que, do ponto de vista legal, se encontra ainda no plano das teorias. A avaliação, nesse cenário, seria a verificação do que foi acordado entre as duas partes.

O último modelo de relações de trabalho apresentado é chamado de modelo **administrativo**. Trata-se de um modelo que atende muito mais aos funcionários públicos estatutários, já que é uma relação entre o trabalhador e o Estado (representado pelo governo, mas que não é o governo). O entendimento no nível do direito é de que se trata de uma relação administrativa, já que a figura do empregador não é clara, além de todas as limitações para o término desse tipo de relação.

Nesse contexto, a avaliação surge como uma tarefa que também é administrativa, e se presta a checar até que ponto as atividades foram executadas conforme se havia planejado.

No quadro a seguir é possível comparar como a avaliação é vista nas diferentes correntes:

Correntes das relações de trabalho	Foco da avaliação
Liberalista	Exigência do cumprimento de acordos informais.
Contratualista	Certificação do cumprimento dos acordos contratuais rígidos.
Contratualista-intervencionista	Certificação do cumprimento dos acordos contratuais flexíveis.
Anticontratualista	Verificação de acordos tácitos entre as partes.
Administrativa	Tarefa administrativa.

O fato de a avaliação ser percebida sempre como um recurso que atende ao modelo de relação de trabalho e que, a princípio, seria um tipo de controle por parte do empregador fez com que ela fosse malvista e malcompreendida por muitos anos. O que leva aqueles que trabalham com gestão de pessoas à seguinte questão: se os processos avaliativos são a origem de tantas críticas, por que as organizações insistem em sua implementação? A resposta mais objetiva é a de que há a real necessidade de se avaliar, de alguma forma, o desempenho das pessoas.

Para Pensar

Você conhece alguma organização que não possua processos formais de avaliação? Em caso positivo, que análise você faz a respeito?

Para compreender o que é avaliação, é preciso deixar claro aquilo que não é. A professora Haydt, em seu livro *Curso de Didática Geral*, que discute a avaliação no âmbito escolar, reforça que testar e medir não são processos avaliativos, como se pode ver no quadro a seguir:

Conceitos Básicos de Avaliação

Distinção entre testar, medir e avaliar		
– abrangente		**+ abrangente**
Testar Verificar um desempenho através de situações previamente organizadas, chamadas testes.	*Medir* Descrever um fenômeno do ponto de vista quantitativo.	*Avaliar* Interpretar dados quantitativos e qualitativos para obter um parecer ou julgamento de valor, tendo por base padrões ou critérios.

(Haydt, 2004, p. 291)

Note que, no conceito de Haydt, avaliar é muito mais abrangente do que testar ou medir, já que se baseia em uma análise que visa a chegar a um julgamento de valor. Aqui, mais uma vez vale a pena diferenciar o que é julgar do que é avaliar. A avaliação é um julgamento, do ponto de vista qualitativo da análise e da interpretação dos dados. Mas um julgamento que, em teoria, não condena nem absolve. Uma avaliação só tem sentido em existir se seu resultado servir para ajudar o trabalhador a aperfeiçoar suas competências.

▷ EXERCÍCIO DE APLICAÇÃO

Agora que você já viu que a avaliação atende a modelos específicos de relações de trabalho, e que entendeu o que não é avaliação, que tal formular seu próprio conceito de avaliação?

_____

_____

_____

_____

Avaliar pode ser definido como o processo de reflexão crítica sobre o desempenho de uma pessoa, comparando-o a um referencial preestabelecido. Quando um professor aplica uma prova (uma avaliação de conhecimento), a correção é feita por meio da comparação da resposta do aluno com a resposta estabelecida pelo professor como correta. Nesse caso, a resposta do aluno corresponde ao desempenho, enquanto a estabelecida pelo professor corresponde ao referencial. Em resumo, avaliar é medir essa distância entre o real e o desejado.

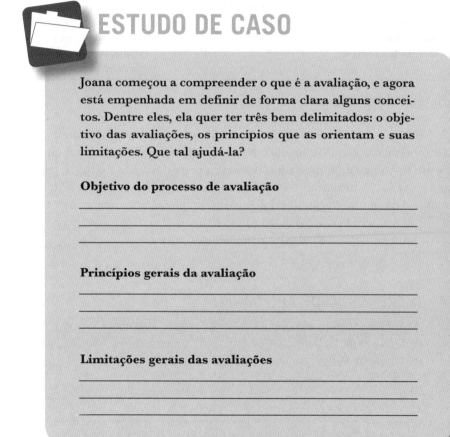

ESTUDO DE CASO

Joana começou a compreender o que é a avaliação, e agora está empenhada em definir de forma clara alguns conceitos. Dentre eles, ela quer ter três bem delimitados: o objetivo das avaliações, os princípios que as orientam e suas limitações. Que tal ajudá-la?

Objetivo do processo de avaliação

Princípios gerais da avaliação

Limitações gerais das avaliações

Modernamente, entende-se que o objetivo geral das avaliações é reconhecer e recompensar o desempenho das pessoas, além de possibilitar seu desenvolvimento profissional. O reconhecimento se dá pelo registro e pela divulgação dos aspectos positivos, além da formalização dos pontos de melhoria. A recompensa acontece de várias formas: desde a motivação do outro pela percepção da importância que representa para a instituição até o retorno financeiro, que pode se dar desde o aumento salarial até o recebimento de bônus.

A possibilidade de desenvolvimento profissional acontece quando o processo de avaliação é tão transparente que permite ao empregado compreender exatamente os pontos em que precisa desenvolver as competências existentes ou, ainda, buscar novas competências. Essa decisão de desenvolvimento é, quase sempre, uma decisão individual. O que a organização pode fazer — e o faz, com certa frequência — é criar condições para que as pessoas percebam onde podem se desenvolver.

Diversos autores apresentam uma série de princípios que precisam ser seguidos pelas avaliações. Alguns, que parecem se repetir, são:

- Consenso: o processo avaliativo deve evitar a imposição. É preciso que ele seja consensual entre o avaliador, o avaliado e a instituição.
- Democracia: há a necessidade de participação de todos os envolvidos. Além disso, cada um que participa deve ter direito a voz.
- Transparência: é preciso que todos compreendam os critérios pelos quais avaliam e são avaliados. Não se pode encerrar um ciclo de avaliação com o sentimento de "injustiça".
- Estímulo: cada empregado precisa perceber que o momento da avaliação é uma oportunidade de crescimento. Nesse sentido, a avaliação precisa funcionar como um estímulo para o desenvolvimento profissional.

Esses princípios apresentados se orientam por um maior: o de que uma avaliação benfeita reflete o desempenho da instituição. Em outras palavras, quanto melhores a receptividade e a implementação da avaliação, maiores as chances de a organização atingir seus objetivos.

Como todos os sistemas e processos que envolvem pessoas, a avaliação também apresenta diversas limitações. Dentre elas, destacam-se: a subjetividade, a falta de clareza no processo, a resistência à percepção do outro e a falta de cultura de uma instituição para lidar com essa questão.

Tipos de avaliação

A avaliação pode acontecer em vários momentos da vida de uma pessoa em uma organização, desde quando ela ingressa até o momento de sua saída por qualquer razão. Talvez, neste ponto, seja mais fácil pensar em um projeto (que tem começo meio e fim). Em projetos, é possível avaliar as pessoas em todas as etapas. Essas avaliações sofrem processos distintos, dependendo do momento na qual são realizadas.

Quando a avaliação acontece no início de uma atividade, é chamada de **avaliação diagnóstica**. O objetivo desse tipo de avaliação é identificar o desempenho do funcionário e seu momento de carreira. Ela apresenta o ponto de partida e fornece subsídios para que sejam elaborados planos de formação.

A **avaliação formativa** acontece durante o processo de trabalho. Nela, o foco é auxiliar o outro no desempenho de suas atividades, reforçando pontos positivos e sinalizando questões que precisam ser revistas para que o objetivo final seja atingido.

A **avaliação de controle** acontece no final de um período. É a mais comum nas organizações e encerra o ciclo de avaliação. Frequentemente, acontece anualmente e é concluída com a atribuição de um conceito.

Também há quem inclua no tipo de avaliação (por momento) a **avaliação classificatória**. Esta tem o objetivo específico de criar um *ranking*, especificando a capacidade de um em relação ao outro.

As avaliações de controle e as avaliações classificatórias tendem a gerar conceitos. Tais conceitos podem ser expressos em notas ou em outros códigos. Eis a seguir alguns exemplos:

- Conceito em notas – escala de 0 a 10 / escala de 0 a 100 / escala de 5 a 10.
- Conceito em letras – A / B / C / D / E.
- Conceito em expressões – Muito bom / Bom / Regular / Ruim / Muito ruim.

Normalmente os conceitos em letras ou expressões possuem equivalência a um espectro de notas. Nesses casos, A ou Muito bom equivale, por exemplo, às notas 8,5 a 10.

Frequentemente as organizações têm o objetivo de ranquear seus empregados. Como foi visto no Capítulo 1, as avaliações realizadas no âmbito corporativo se relacionam com os demais subsistemas de Recursos Humanos. Ao ranquear, é possível atender às demandas desses subsistemas. Por exemplo, um processo seletivo é uma avaliação que necessariamente precisa estabelecer um primeiro colocado, ainda que haja diversos candidatos aptos a exercer a atividade que está disponível.

O estabelecimento de conceitos facilita o processo de criação de *ranking* por razões óbvias. Entretanto, a escolha do tipo de conceito com o qual se vai trabalhar é uma opção feita com bases muito singulares. Diversas questões precisam ser analisadas, tais como:

- cultura da empresa;
- facilidade na mensuração dos dados;
- simplicidade de compreensão dos empregados;
- transparência do conceito em relação à avaliação.

Uma avaliação só consegue chegar a um conceito se ela tiver critérios. Os critérios representam aquilo que efetivamente se quer avaliar. Cada um deles precisa ter um padrão, e o critério define a distância entre o padrão e o desempenho real. Imagine, por exemplo, que assiduidade é um critério e que ele é avaliado com os seguintes conceitos:

- Muito bom
- Bom
- Regular
- Ruim
- Muito ruim

Aquele que for realizar a avaliação precisará fazer algumas perguntas antes, tais como:

- O que a organização entende por assiduidade?
- O que cada um dos conceitos representa em relação ao padrão esperado?
- Como levantar o desempenho real do empregado para realizar a avaliação desse critério?

É possível que haja mais perguntas, mas essas três, se não forem respondidas, inviabilizam o processo avaliativo. Na primeira, o que se busca saber é a descrição do critério. Todos os critérios de uma avaliação precisam ser descritos. Suponha que o critério "assiduidade" seja descrito da seguinte forma: "comparece ao serviço em todos os dias acordados, à exceção de licenças previstas na forma da lei e de faltas justificadas".

Agora, para o avaliador responder a esse critério, ele sabe que o padrão é o comparecimento ao trabalho em 100% dos dias, tendo que excluir aqueles nos quais há justificativa legalmente aceita. O primeiro passo, então, é identificar o nível de assiduidade do empregado, o que leva o avaliador à segunda dúvida:

o que cada um dos conceitos é em relação ao padrão. Se o padrão é 100% de presença, podemos definir (é apenas um exemplo) que os conceitos tenham a seguinte relação:

- Muito bom: 100%
- Bom: 80 a 99,9%
- Regular: 70 a 79,9%
- Ruim: 60 a 69,9%
- Muito ruim: menos de 60%

A terceira pergunta, apesar de óbvia, representa uma grande dificuldade na realidade das empresas: como levantar os dados para a aferição do desempenho. Grandes organizações possuem, geralmente, sistemas de controle que facilitam o trabalho. Empresas de médio e pequeno portes podem ter mais dificuldade. No exemplo da assiduidade, imagine que uma empresa de pequeno porte trabalha com ponto manual. Nesse caso, o avaliador teria que verificar diversas folhas para chegar ao resultado. Isso pode ser um problema, dependendo do número de avaliados.

▷ EXERCÍCIO DE APLICAÇÃO

Você viu o conceito de avaliação e a necessidade de se definir critérios, conceitos, relação entre desempenho e conceitos e levantamento de dados. Escolha um critério que tenha a ver com a empresa na qual você trabalha ou alguma que você conhece e tente praticar este exercício.

Critério

_____

_____

Definição do critério

_____

_____

_____

_____

Conceitos Básicos de Avaliação

> **Conceitos**
>
> _____
>
> _____
>
> **Relação entre conceitos e desempenho**
>
> _____
>
> _____
>
> _____

◥ Vícios de avaliação

Um assunto extremamente importante ao se discutir avaliações de desempenho são os vícios de avaliação. Vícios são erros cometidos com frequência nesse processo de gestão de pessoas que, com base na literatura da qual dispomos atualmente, podem ser previstos e trabalhados.

Bergamini e Beraldo (2012) apresentam o que, na visão deles, são os principais vícios de avaliação.

Subjetivismo: é a atribuição ao outro de questões que são nossas. Por exemplo, um avaliador que antipatiza com um avaliado pode refletir esse problema no conceito que atribui, mesmo sem um fato objetivo que o justifique.

Unilateralidade: é a valorização de pontos que são importantes especificamente para quem avalia. Não considera as necessidades do avaliado ou da organização.

Tendência central: uma tendência muito comum nas avaliações, que é a opção pelo "meio do caminho". Ou seja, ninguém tira zero e ninguém tira dez. Todos os avaliados são medianos, o que facilita ao avaliador no momento de oferecer o *feedback*.

Efeito de halo: é a tendência de o avaliador atribuir o mesmo conceito a diferentes critérios por uma falsa lógica de que o avaliado apresenta resultados similares independentemente do ponto da avaliação.

Falta de memória: acontece quando aquele que avalia se atém aos acontecimentos mais recentes. Em uma avaliação anual, por exemplo, seria necessário considerar todos os fatos do período.

Supervalorização da avaliação: crença de que o processo de avaliação de desempenho é capaz de resolver todos os problemas apresentados pelas pessoas no ambiente de trabalho.

Desvalorização da avaliação: crença de que a avaliação seja algo sem qualquer valor, apenas uma tarefa burocrática imposta por um departamento.

Falta de técnica: desconhecimento de técnicas para a condução de uma avaliação, realizando-a somente pelo senso comum.

Força do hábito: hábito de manter o conceito de determinado avaliado sempre igual, acreditando que ele não apresentou nenhuma evolução ou involução na linha do tempo.

Posições contrárias: divulgação, muitas vezes incorreta, do verdadeiro objetivo da avaliação. Um exemplo é a ideia de que a avaliação foi desenvolvida somente para atribuir um valor de gratificação ou, ainda, para definir o grupo de empregados que pode ou deve ser demitido.

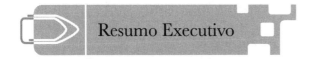

- Todo processo de avaliação é permeado de subjetividade.

- Avaliar é tentar ajudar o outro a melhorar seu desempenho. Mas a vontade de mudar depende do avaliado.

- Os principais modelos de avaliação estão diretamente ligados aos modelos de relação de trabalho.

- Os principais modelos de relação de trabalho encontrados na literatura são: liberalista; contratualista; contratualista intervencionista; anticontratualista e administrativa.

- Avaliar não é o mesmo que testar ou medir.

- Modernamente, entende-se que o objetivo geral das avaliações é reconhecer e recompensar o desempenho das pessoas, além de possibilitar seu desenvolvimento profissional.

- Os princípios que precisam ser seguidos em uma avaliação são: consenso, democracia, transparência, estímulo.

- As avaliações podem ser do tipo diagnóstica, formativa, de controle ou classificatória.

- Toda avaliação precisa ter a definição desses critérios e conceitos.

- Os principais vícios de avaliação são subjetivismo, unilateralidade, tendência central, efeito de halo, falta de memória, supervalorização da avaliação, desvalorização da avaliação, falta de técnica, força do hábito, posições contrárias.

Teste Seu Conhecimento

1. Defina com suas palavras o conceito de avaliação.
2. Dê três características de uma avaliação correta.
3. Sobre os princípios da avaliação, defina com suas palavras:
   a. consenso:_____
   b. democracia:_____
   c. transparência:_____
   d. estímulo:_____
4. Apresente três ações que podem ser tomadas para reduzir a ocorrência de vícios de avaliação.

Capítulo 4

Ciclo Básico da Avaliação

ESTUDO DE CASO

Joana estava cada vez mais envolvida com a questão da avaliação de desempenho. A essa altura, ela já tinha clareza de como a avaliação se relacionava com as demais atividades de Recursos Humanos e compreendia os principais conceitos. A partir de então, ela se interessou em compreender os passos para que uma avaliação fosse efetivamente realizada. Ela sabia que os processos avaliativos eram cíclicos, mas não tinha a menor ideia das etapas que compunham esse ciclo.

Que tal ajudar Joana a compreender esse ciclo? Com base em sua experiência, descreva em poucas palavras como você entende as etapas do processo de avaliação de desempenho.

_____
_____
_____
_____
_____
_____
_____
_____
_____
_____

● Planejamento estratégico e objetivos da unidade

Como deveria ocorrer em todos os processos, o planejamento deve ser a primeira fase do ciclo de avaliação de desempenho. Planejar alguma coisa é antever mentalmente seu funcionamento futuro e estruturar processos e procedimentos que lhe deem sustentação, de forma que o evento aconteça exatamente como foi planejado. Diversos autores defendem a ideia de que o planejamento da avaliação se inicia muito antes de a própria avaliação ser discutida, pois já está presente no nível da definição da estratégia organizacional.

Juliano (2008) explica que a metodologia da avaliação deve ser a primeira questão pensada ao realizar o planejamento. Isso porque seria complicado medir algo sem ter clareza da forma como essa medição aconteceria. Para definir a metodologia mais adequada a uma organização, é preciso considerar diversos aspectos:

- Os resultados esperados.
- As estratégias da organização.
- A possibilidade de acompanhamento dos critérios.
- O processo organizacional como um todo.
- O custo e o tempo envolvido.

Juliano (2008) utiliza Pontes (2005) para apresentar o seguinte ciclo para avaliações de desempenho:

Monitorização

O planejamento estratégico é um processo de análise organizacional ampla, que define os caminhos futuros de uma instituição. Para que faça sentido, o planejamento estratégico precisa se converter em um plano estratégico, que é um conjunto de ações que podem ser medidas e acompanhadas.

Para Pensar

Todas as organizações, públicas e privadas, possuem um planejamento estratégico? Você conhece alguma que não possui? Quais os benefícios de se possuir um planejamento estratégico e quais os riscos de não o possuir?

O planejamento estratégico é importante para a avaliação porque ele apresenta os desdobramentos da estratégia de longo prazo da organização. Um processo de avaliação é construído com o objetivo de medir diversas questões, especificamente no que diz respeito ao desempenho das pessoas. O desempenho das pessoas só pode ser medido a partir do momento em que houver clareza dos produtos e processos que se espera que elas entreguem.

O planejamento estratégico tende a ser convertido em objetivos específicos, relacionados com as unidades de trabalho. Por exemplo, uma organização ligada à fabricação têxtil terá que definir objetivos para as diversas áreas – produção, finanças, logística, RH etc. – para que a estratégia possa efetivamente ser implementada.

O desmembramento da estratégia em objetivos menores é fundamental porque a estratégia em si é muito difícil de se avaliar. Por outro lado, avaliar os resultados da implantação dessa estratégia é possível.

▷ EXERCÍCIO DE APLICAÇÃO

Considere uma empresa hipotética da área de produção têxtil. Defina um objetivo estratégico (utilize questões simples, como preço, qualidade, diferenciação da concorrência). Em seguida, desdobre esse objetivo estratégico em pelo menos três objetivos de unidade para a área de RH. Ao longo do capítulo, utilizaremos este exercício para praticar a construção do ciclo de avaliação de desempenho.

> Objetivo estratégico:
>
> _____
> _____
> _____
> _____
> _____
>
> Objetivos da unidade RH:
>
> 1. _____
> _____
> 2. _____
> _____
> 3. _____
> _____

Um objetivo estratégico sempre é uma declaração genérica. Por exemplo: "diferenciar-se da concorrência pela identificação de menores preços". Note que esse objetivo não diz como será atingido. Ela apenas declara que a organização quer ser reconhecida como aquela que tem os menores preços. A forma como esse objetivo será atingido é declarada nos objetivos da unidade, que podem ser medidos. Veja alguns exemplos de objetivos de unidade:

- Reduzir o custo de produção em 50% no prazo de 12 meses.
- Aumentar a força de trabalho em 1/3 até o final do primeiro trimestre.
- Renegociar contratos com fornecedores visando redução de 10% no custo geral.
- Treinar equipes de vendas com foco em melhorar a abordagem comercial.

Você deve ter percebido que avaliar uma pessoa com base na estratégia da organização não é possível, porque a estratégia aponta aonde a empresa quer chegar, mas não fornece subsídios para que uma pessoa, individualmente, seja avaliada. Da mesma forma, os objetivos da unidade, ainda que possam ser mensurados em nível departamental, também não fornecem dados objetivos para que a pessoa possa ter seu desempenho avaliado.

O que se nota com essas considerações é que o objetivo da unidade ainda terá que ser desdobrado em metas individuais. Essas metas criarão a oportunidade da construção de modelos de avaliação com foco na pessoa.

A conversão de objetivos da unidade em objetivos individuais faz com que se criem indicadores e padrões de desempenho.

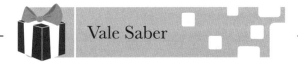

Alguns termos podem se confundir. Fique atento:

Indicadores: são a representação quantitativa de um objetivo.

Critério: é um padrão que serve de base para comparação entre pessoas que executam as mesmas atividades.

Conceitos: são referências que carregam um significado compartilhado.

Padrões: similares a critérios, apresentam os padrões de desempenho de uma determinada atividade.

⦿ Contrato de objetivos, indicadores e padrões de desempenho

Como já foi abordado, o objetivo estratégico de uma organização precisa ser desmembrado até o nível individual para que se possa realizar uma avaliação de desempenho individual.

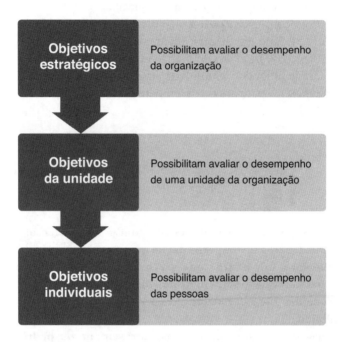

Objetivos organizacionais

▷ EXERCÍCIO DE APLICAÇÃO

Você concluiu o exercício anterior, que propunha a definição de objetivos para a unidade de Recursos Humanos. Dando continuidade, agora chegou o momento de descermos um nível para a definição de objetivos individuais. Para isso, utilize um dos objetivos da unidade, que você já havia definido, e transforme-o em um objetivo individual.

Objetivo da unidade:

Objetivos individuais:

Um objetivo individual precisa obedecer a alguns critérios:

- Fazer sentido para quem é avaliado.
- Ser específico, nunca genérico.
- Ser passível de mensuração.

Muitas vezes as empresas estabelecem objetivos que estão corretos, mas que não fazem sentido para quem é avaliado. Por exemplo, uma empresa pode ter como objetivo a redução de custo. Esse objetivo será completamente diferente para o profissional da contabilidade e para o profissional de compras, mas ambos o enxergarão em suas metas individuais. A questão central é que esse objetivo precisa ser definido de forma que os profissionais percebam que seu atingimento faz sentido.

Um segundo ponto é a especificidade. No nível individual, não é possível atingir resultados genéricos. Por isso, cada objetivo precisa especificar ao máximo o que se quer expressar.

Um último aspecto, mas não menos importante, é a necessidade de se poderem mensurar os objetivos individuais. O conceito central de uma avaliação é medir o desempenho das pessoas, das unidades e, em última análise, da organização como um todo. Mas só é possível medir o que se pode converter em números.

Para profissionais de Recursos Humanos, objetivos individuais possíveis seriam, por exemplo:

- Reduzir o tempo de contratação em 50%, até o final do 1.º semestre.
- Aumentar o índice de satisfação com os treinamentos em 30%, no prazo de 3 meses.
- Reestruturar a política de cargos da área operacional, até o mês de junho.
- Realizar duas pesquisas de clima, incluindo a divulgação de resultados e o plano de ação, até o final do ano.

Note que os exemplos mostrados carregam as três características apresentadas: fazem sentido para o profissional da área, são específicos e podem ser medidos em termos quantitativos.

A definição de objetivos individuais já é uma etapa prática do processo de avaliação de desempenho. A partir da definição desses objetivos, já se sabe exatamente o que se quer medir. Entretanto, antes de se iniciar essa avaliação, alguns pontos importantes precisam ser considerados, como a contratação de objetivos, a definição de indicadores e a estipulação de padrões de desempenho.

Ainda é comum que as organizações definam os objetivos individuais de forma unilateral. Ou seja, a alta administração, ou mesmo uma área específica (departamentos de planejamento, Recursos Humanos ou outros), estipula os objetivos que cada um dos colaboradores deverá atingir. Nesse caso, não se estaria tratando de uma contratação de objetivos, mas de uma imposição. Modernamente, acredita-se que os colaboradores precisam crer em suas metas, entendendo-as como plausíveis e corretas. Por isso, tal definição vem sendo realizada de forma democrática, envolvendo todos os participantes: gestor, colaborador e demais profissionais envolvidos.

O conceito de contratação de objetivos prevê que há um "contrato", ainda que não formalizado. Em outras palavras, tanto quem impõe o objetivo quanto quem o terá como meta concordam com os indicadores estabelecidos e com os padrões de desempenho.

Para Pensar

As organizações, de forma geral, tendem a ser democráticas na definição de seus objetivos? Considere a empresa na qual você trabalha ou outras que conheça ou tenha algum contato.

A definição de indicadores está diretamente relacionada com os objetivos estratégicos. A soma de indicadores positivos em todas as áreas de uma organização deve levar ao alcance dos macro-objetivos. Acontece que, no nível individual, o indicador pode parecer, com frequência, pouco relacionado com os objetivos estratégicos. Isso acontece na medida em que há certo distanciamento entre as atividades operacionais e o corpo estratégico. Com isso, é necessário que gestores invistam tempo no esclarecimento de como as metas individuais afetam os objetivos estratégicos, dando clareza ao processo de mensuração de resultados.

Dos objetivos estratégicos aos indicadores de desempenho individual

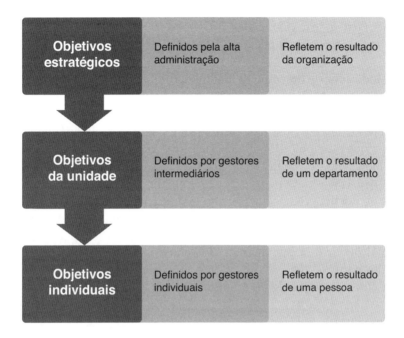

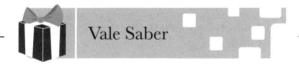

Indicadores de desempenho, também chamados de *key performance indicators* (**KPI**), são declarações específicas sobre o nível de desempenho de um processo ou de uma pessoa.

A definição de indicadores não é uma tarefa simples. É preciso considerar diversas questões para definir a declaração de um indicador. De forma geral, um indicador deve:

- Estar diretamente relacionado com os objetivos estratégicos.
- Ter a participação e aprovação da alta direção.
- Ser adequado ao negócio da organização.

66 ———————————————————————————————— CAPÍTULO 4

- Ser relevante para quem é avaliado por ele.
- Refletir dados que possam ser mensurados de forma confiável.
- Ser fácil de se compreender.
- Facilitar a percepção de que ele se reflete em uma determinada ação.

Se o indicador de desempenho individual é uma declaração clara e precisa sobre as metas individuais, é necessário que cada indicador possua um padrão de desempenho. Por exemplo, imagine que um dos indicadores de desempenho de atendentes em uma rede de *fast-food* é o tempo de atendimento no balcão. Note que esse indicador atende, de forma geral, a todas as características apresentadas anteriormente. Acontece que, sem um padrão de desempenho, é impossível avaliá-lo. O padrão de desempenho irá definir qual o tempo em que esse atendente precisa finalizar um pedido. Suponha que o tempo estabelecido seja de 3 minutos. Nesse caso, o indicador é o tempo de atendimento e o padrão de desempenho é de 3 min.

Os padrões de desempenho não são definidos aleatoriamente, nem podem ser criados para atender exclusivamente às vontades do administrador. É preciso que eles atendam a alguns requisitos, como:

- Ser viáveis.
- Atender aos objetivos finais da organização.
- Ser aceitos e entendidos por todos os envolvidos.

Seguindo o exemplo anterior, do padrão de desempenho de 3 minutos para o atendimento em uma rede de *fast-food*, imagine que o administrador define um padrão de 10 segundos para atendimento. O que você acha que aconteceria? Nesse tipo de situação, não só o funcionário fica em uma situação complicada, já que o padrão é inviável, mas também há o risco de o cliente ficar com uma imagem inadequada da marca.

Por isso, a definição de padrões é, talvez, tão importante quanto a própria declaração dos indicadores.

◉ Acompanhamento dos resultados

A contratação de objetivos em uma avaliação de desempenho precisa ser seguida pelo acompanhamento dos resultados que são apresentados pelas pessoas. Esse acompanhamento deve ocorrer durante todo o período da avaliação, sob risco de se cair em um dos vícios já apresentados: o de considerar apenas os últimos acontecimentos. Juliano (2008) define o acompanhamento dos resultados da seguinte forma:

> *O acompanhamento dos resultados é um exercício de monitoramento constante do desempenho da organização, dos setores ou dos trabalhadores face à direção para a consecução dos objetivos propostos, evitando assim um distanciamento com o ponto aonde se quer chegar e permitindo a detecção de possíveis alterações.* (p. 7)

Por essa definição, é possível perceber que, muito mais do que efetuar o simples acompanhamento do desempenho de um empregado, a organização precisa acompanhar o desempenho de si própria. A partir do momento em que se tem um grupo de indicadores e padrões de desempenho individuais que reflitam efetivamente a estratégia da organização, o acompanhamento dos resultados gerais pode ser feito pelo acompanhamento dos resultados das pessoas.

Para Pensar

As organizações, de forma geral, e os gestores, de forma específica, têm a cultura de acompanhar os resultados? Pense em organizações que você conhece!

Existem diversas formas de se acompanhar os resultados. Algumas estratégias são:

- Controle individual do gestor: nesse tipo de acompanhamento, o gestor controla os indicadores dos funcionários de sua equipe de forma individual, utilizando planilhas ou registros pessoais. Apesar de parecer um método arcaico, ele ainda é frequentemente utilizado, principalmente por organizações de pequeno e médio portes.
- Acompanhamento por meio de sistema de avaliação: há empresas que registram periodicamente os resultados de seus empregados e disponibilizam essa informação em um sistema. Daí, gestores e empregados podem discutir o que foi atingido em relação ao planejado.
- Gestão à vista: na gestão à vista, os resultados são amplamente divulgados para toda a organização. Dessa forma, todos sabem exatamente os resultados obtidos. Por conta da ampla exposição, as organizações optam por divulgar resultados de áreas, não resultados individuais, a fim de não expor as pessoas com resultados ruins.

ESTUDO DE CASO

Joana já conseguia entender o ciclo básico da avaliação de desempenho e concluiu que a etapa de acompanhamento dos resultados era fundamental. Essa seria a oportunidade de se corrigir desvios dentro do período de avaliação, garantindo bons resultados para os profissionais, para seus departamentos e para a organização como um todo.

Agora, ela estava em busca de métodos para realizar tal acompanhamento. Você conhece algum que tenha vivido essa situação em empresas nas quais trabalhou ou em outras que tenha contato? Que métodos você poderia sugerir a ela?

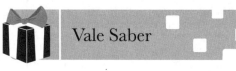

Vale Saber

O Balanced Scored Card (BSC) é um método de medição e controle do desempenho desenvolvido por professores da Harvard Business School no começo da década de 1990. Foi considerada a metodologia mais importante da administração no último século. Apesar de estar voltado para a mensuração de resultados estratégicos (que dizem respeito a toda a organização), tem sido frequentemente desdobrado em resultados de área e, algumas vezes, das pessoas.

⊙ Momento da avaliação e replanejamento

O processo de avaliação começa em seu planejamento. Cada organização estrutura a avaliação de desempenho seguindo um modelo que atenda especificamente às suas necessidades. De forma geral, todas abordam as seguintes etapas:

- Planejamento
- Apresentação e aprovação da diretoria
- Estruturação da ficha de avaliação
- Treinamento de avaliadores
- Realização das avaliações
- Consolidação dos resultados
- Convocação do comitê de avaliação
- Construção de plano de ação

O planejamento da avaliação envolve as questões que já foram tratadas, tais como a definição dos objetivos estratégicos e a relação de tais objetivos com o que será avaliado.

Um ponto central no processo avaliativo é o treinamento dos avaliadores. Grande parte dos erros ou desentendimentos oriundos das avaliações nas organizações é fruto da falta de capacitação do avaliador. A literatura em geral concorda que os seguintes objetivos educacionais devem fazer parte desse processo de capacitação:

- Conhecer o processo de avaliação de forma geral.
- Compreender os objetivos do processo de avaliação.
- Relacionar os objetivos da avaliação aos critérios e padrões.
- Aplicar as normas definidas.
- Observar o comportamento humano na organização.
- Fornecer *feedback*.
- Estruturar planos de ação.

Ao conhecer a avaliação de forma geral, o avaliador tem clareza do objetivo e pode perceber como ele e seus avaliados se inserem nessa ação. Não é difícil identificar casos de organizações que investem altas quantias para a implantação de modelos de avaliação considerados altamente eficazes, mas não capacitam suas equipes para a compreensão da estratégia do processo.

Frequentemente, a formação desses avaliadores acontece apenas no nível da operacionalização da avaliação.

Para Pensar

Que dificuldades podem ser identificadas quando o avaliador é capacitado exclusivamente para a operacionalização da avaliação?

Além de ter uma visão geral do processo de avaliação, o avaliador precisa conhecer com exatidão os objetivos finais. Ou seja, ele precisa saber o objetivo da avaliação. Algumas vezes, acredita-se que os objetivos das avaliações nas instituições sempre são similares: melhorar a qualidade de produtos e serviços, reduzir custos, aumentar a produtividade, melhorar a imagem da marca. Enfim, objetivos diretamente relacionados ao resultado (financeiro, em especial) da empresa. Todavia, diversas organizações estruturam sua avaliação por outras razões. Identificar questões relacionadas ao clima organizacional, melhorar a qualidade de vida no trabalho, aumentar o engajamento das equipes com os objetivos setoriais, diagnosticar pontos que sirvam de subsídio para planos corretivos, entre vários outros.

Quando o avaliador conhece com exatidão os objetivos sobre os quais o plano de avaliação foi desenhado, a operacionalização torna-se mais simples e a possibilidade de vieses é reduzida.

ESTUDO DE CASO

Joana resolveu começar a colocar em prática seus conhecimentos, estruturando uma avaliação de desempenho. Simulou o planejamento, tentando cumprir todas as etapas que tinha aprendido. Ela já sabia que o treinamento dos avaliadores era fundamental e compreendia que havia a necessidade de eles terem uma visão geral da avaliação e um conhecimento detalhado dos objetivos.

> **Era hora de colocar a ideia do treinamento dos avaliado-
> res em prática. Como ela pode começar a estruturar esse
> treinamento?**
>
> _____
>
> _____
>
> _____
>
> _____
>
> _____
>
> _____
>
> _____

Os critérios e padrões de uma avaliação precisam, de alguma forma, refletir o objetivo estratégico da organização e o objetivo específico da avaliação. Pode ser difícil, em um primeiro momento, visualizar essa relação. Isso acontece, principalmente, quando se analisa o formulário avaliativo de cargos muito operacionais. Na operação, os critérios são bastante específicos, enquanto objetivos estratégicos são bem gerais.

O treinamento dos avaliadores precisa auxiliar na construção mental da relação entre os critérios de avaliação dos cargos operacionais e o objetivo final da avaliação. A construção dessa relação permite que o avaliador tenha subsídios para realizar uma avaliação efetiva, atendendo aos objetivos inicialmente propostos.

Da mesma forma que a compreensão dos objetivos estratégicos da organização e dos objetivos específicos da organização, o entendimento das normas da avaliação é fundamental. Todo processo precisa ter regras, e tais regras precisam ser respeitadas. Identificar pessoas que fazem parte da cadeia avaliativa e que não têm clareza das regras do jogo não é uma questão isolada ou uma exceção. Isso faz com que o treinamento assuma uma responsabilidade ímpar no esclarecimento desses pontos.

A avaliação é, na prática, o registro e a mensuração do comportamento das pessoas nas instituições. Mesmo quando a avaliação está voltada para atividades operacionais, o responsável por avaliar tem como ponto inicial a atenta observação das atividades que são executadas por uma pessoa.

Observar o comportamento é, na maioria das vezes, muito subjetivo. Isso porque o olhar de quem vê está repleto de valores e princípios que a pessoa traz consigo. Sabe-se que todo processo de avaliação é passível de considerar questões subjetivas. E é exatamente por esse conhecimento que tais processos precisam ser organizados de forma que haja o mínimo possível de impressões.

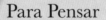

Para Pensar

Quais as consequências de uma avaliação repleta de subjetividade?

Uma das formas mais eficazes de se tentar reduzir ao máximo o viés da subjetividade é o treinamento do olhar do avaliador. Esse processo de capacitação, se bem-estruturado, pode levar o observador a focar sua visão nos aspectos do trabalho que realmente interessam à organização, evitando levar em conta pontos que não tenham essa íntima relação.

Não menos importante é a capacitação para a oferta de *feedback*. Quem é avaliado espera, no mínimo, um retorno sobre os motivos que levaram seu avaliador a atribuir determinada nota ou conceito. Trata-se de uma questão de respeito. Tanto ofertar quanto receber *feedback* não são tarefas fáceis, principalmente em uma cultura que privilegia a relação entre as pessoas, como a brasileira.

Um treinamento adequado para o avaliador oferecer *feedback* pode, consistentemente, melhorar os resultados das avaliações, reduzir o número de questionamentos ou discordâncias e aumentar a crença da comunidade organizacional nos processos de gestão de pessoas.

O processo de *feedback* é uma etapa fundamental da avaliação. Ele é um dos pontos que encerra, no nível individual, a avaliação. De forma geral, é possível considerar que a avaliação tem uma conclusão em nível organizacional, que se refletirá nos planos de trabalho da instituição, e uma em nível pessoal, que se encerrará com o *feedback* e com um plano de desenvolvimento individual que precisa necessariamente ser acordado entre o avaliador e o avaliado. A figura a seguir ilustra bem essa questão de "entrada" (*input*) e "saída" (*output*):

Nível individual

Entrada	Saída
• Julgamento de critérios • Apresentação de desempenho × padrões • Oferta de *feedback*	• Recebimento de *feedback* • Acordo de plano individual de ação

Nível organizacional

Entrada	Saída
• Consolidação de desempenho × padrão para toda a instituição	• Revisão do plano estratégico organizacional • Estruturação de planos de ação

A oferta de *feedback* é o momento adequado para a estruturação de planos de ação. Isso porque há, em teoria, um acordo entre o avaliador e o avaliado sobre os pontos que precisam de melhoria.

Quando o avaliador se propõe a ofertar *feedback*, seu objetivo final é que esse momento gere uma mudança de comportamento futuro. Por isso, é preciso que haja clareza para ambas as partes sobre o comportamento que precisa ser alterado, em que nível e em quanto tempo. Frequentemente, essa clareza é relegada, o que traz a crença de que a própria avaliação não foi eficaz.

ESTUDO DE CASO

Joana está organizando o treinamento para o processo de avaliação e já sabe que o *feedback* é um ponto muito importante. Que sugestões você daria a Joana para a capacitação relacionada com o *feedback*? Considere em sua resposta o conteúdo e a metodologia.

_____

_____

_____

_____

_____

_____

_____

_____

Por isso, a simples informação ao outro dos motivos que levaram o avaliador a atribuir determinada nota pode não ser suficiente. É preciso que, em paralelo, se estabeleça um plano de ação. O plano de ação deve estabelecer com clareza três pontos:

- O que fazer
- Até quando fazer
- Quem é o responsável

Para Pensar

Quais os riscos de se ofertar um *feedback* sem ter um plano de ação estruturado?

De forma geral, o plano de ação estabelecido e acordado com o avaliado antecede o contrato de desempenho, que já foi visto. Enquanto o plano de ação apresenta com clareza as ações que serão tomadas, o contrato de desempenho é a explicitação dos objetivos finais em nível individual.

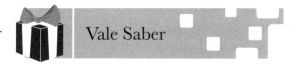

Plano de ação: conjunto de ações, acompanhadas de prazo e responsável, que apresentam atividades ou ações a serem executadas pelo avaliado.

Contrato de desempenho: acordo entre gestor e subordinado sobre os resultados esperados para o período de referência da avaliação.

Algumas organizações contam com sistemas extremamente sofisticados para o desenvolvimento e o acompanhamento dos planos de ação que são fruto da avaliação de desempenho. De qualquer modo, instituições com menos recursos também podem estruturar modelos mais simples para acompanhar essa etapa. Veja a seguir um quadro simples para a criação de um plano de ação:

Atividade	Prazo	Responsável

Vale sempre reforçar que o plano de ação não deve ser imposto pelo avaliador, mas negociado entre as partes.

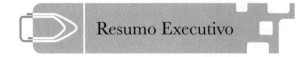

Resumo Executivo

- O planejamento é a primeira fase do ciclo de avaliação de desempenho.

- O ciclo de avaliação deve considerar: o planejamento estratégico da instituição, a definição de objetivos da unidade, o contrato de objetivos, os indicadores e os padrões de desempenho, o acompanhamento dos resultados e a avaliação final de todo esse processo.

- Objetivos individuais precisam fazer sentido para quem é avaliado, ser específicos e passíveis de mensuração.

- A contratação de objetivos não é unilateral. Ela precisa ser negociada entre o avaliado e o avaliador.

- Os objetivos individuais derivam dos objetivos da unidade de trabalho, que, por sua vez, são o desmembramento dos objetivos estratégicos.

- Padrões de desempenho precisam: ser viáveis, atender aos objetivos organizacionais e ser aceitos por todos os envolvidos.

- Os resultados das avaliações podem ser acompanhados pelo controle individual do gestor, o acompanhamento por meio de sistemas informatizados ou por gestão à vista.

- O treinamento dos avaliadores é uma etapa fundamental para garantir os resultados planejados.

- O *feedback* da avaliação precisa gerar um plano de trabalho. Esse plano de trabalho deve subsidiar o contrato de desempenho.

Teste Seu Conhecimento

1. Quais as principais etapas do ciclo de avaliação de desempenho?
2. Cite as entradas e saídas da avaliação individual e organizacional.
3. Elabore um modelo de treinamento para avaliadores.
4. Desenvolva um exemplo de contrato de desempenho.

Capítulo 5

Avaliação como Suporte à Gestão de Desempenho

ESTUDO DE CASO

A essa altura, Joana já conhece os aspectos básicos da aplicação de uma avaliação de desempenho, que lhe permitiriam pensar criticamente acerca do assunto. Além disso, sabe que os processos de uma empresa devem estar interligados, no sentido de que o "somatório" do desempenho de áreas diferentes represente o desempenho da empresa como um todo

No entanto, ela ainda se pergunta: "Na prática, como eu percebo que os resultados da minha avaliação contribuem para a gestão do desempenho da empresa? Afinal, espera-se que minha avaliação de desempenho não seja um mero registro formal, mas que, em conjunto com as demais avaliações, revele uma fotografia do desempenho da empresa em que eu trabalho, não é mesmo?"

Você concorda com a declaração de Joana? Por quê?

_____
_____
_____
_____
_____
_____
_____
_____
_____

Como tratado neste livro, a gestão de desempenho caracteriza-se pela criação de meios para garantir a realização daquilo que foi previamente planejado, o que, em última instância, levará a empresa a alcançar seus resultados.

Algumas ferramentas servem como suporte à gestão de desempenho: a avaliação de desempenho é uma delas. Uma vez que tenha sido aplicada adequadamente, os registros efetuados, assim como os resultados obtidos após a sua aplicação, devem contribuir para o alcance dos resultados paralelamente ao uso (também adequado) de outras ferramentas de gestão.

Alguns exemplos serão apresentados neste capítulo, em caráter ilustrativo, para responder a pergunta de Joana no estudo de caso. O primeiro baseia-se na análise do ambiente em que está inserida a empresa; o segundo, no desenho de determinado cenário (análise SWOT), e o terceiro, na análise do desempenho da organização, considerados seus próprios índices de medição (*Balanced Scored Card*).

Não há pretensão de esgotar as possibilidades de como estabelecer uma ligação entre a avaliação de desempenho e a gestão de desempenho da empresa, mas de estimular a sua visão holística em relação ao tema central tratado neste livro. O objetivo é, portanto, apresentar alguns exemplos que propiciem o entendimento dos efeitos de uma avaliação de desempenho em conjunto com outros meios de apoio à gestão, amplamente conhecidos e utilizados nas empresas.

⊙ A análise do ambiente organizacional e a avaliação de desempenho

Uma empresa não atua de forma isolada em relação ao ambiente em que está inserida. Se pensarmos na crise econômica que alguns países da Europa vêm enfrentando nos últimos anos, é relativamente fácil entender a "quebra" de algumas empresas, resultando em percentuais significativos de desemprego em determinadas regiões. Paralelamente, outros países não afetados diretamente pela crise, como o Brasil, mostrarão preocupação em criar mecanismos eficazes para que os efeitos da crise não os atinjam na mesma proporção. Isso explica parcialmente, no nível macro, como aspectos econômicos, por exemplo, podem impactar direta ou indiretamente o desempenho de empresas em diferentes países.

Assim, fatores ambientais devem ser verificados sistematicamente, a fim de que sejam identificadas suas implicações para a gestão do negócio (ou, se preferir, da empresa) e que sejam determinadas ações compatíveis com a gestão de seu desempenho. Tomemos como exemplo uma análise do ambiente em que está inserida determinada empresa, considerando-se duas dimensões: uma delas refletindo fatores ambientais e a outra, o ambiente do próprio negócio, em diferentes níveis. Os **fatores ambientais** referem-se aos aspectos econômicos, políticos, demográficos e culturais que podem afetar as empresas; ao passo que o **ambiente do negócio** reflete os níveis que podem ser afetados por tais fatores, quais sejam, os níveis empresarial, industrial, nacional e internacional.

Para Pensar

Cada fator ambiental age sobre o ambiente do negócio isoladamente? Ou há interação entre os fatores, de forma que questões econômicas e políticas (ou qualquer outra combinação de fatores ambientais) possam afetar o desempenho de uma empresa conjuntamente?

São exemplos de **fatores econômicos** os recursos naturais disponíveis, as questões que envolvem o trabalho e o capital financeiro, bem como aquelas relativas à tecnologia e à infraestrutura. Os **fatores políticos** consideram a estabilidade política de determinado país ou região, os elos geopolíticos, as instituições e as ideologias que as norteiam, entre outros. Os **fatores culturais** podem ser traduzidos, por exemplo, pela estrutura e dinâmica social local, religião, linguagem etc.

Finalmente, os **fatores demográficos** referem-se a aspectos tais como o crescimento populacional, estrutura etária, migração, entre outros. Embora possam ser categorizados, os fatores ambientais, independentemente de sua natureza, interagem entre si em função da dinâmica do próprio ambiente. A análise dessa interação ajuda o gestor na tomada de decisão.

Vejamos o caso de empresas que, nos últimos anos, repensaram sua própria estrutura e tomaram a decisão estratégica de instalarem sua área de produção em outros países, que não o seu país de origem. Algumas das que se instalaram na China, por exemplo, justificaram tal decisão em função da necessidade de diminuição de seus custos operacionais. Hipoteticamente, se uma empresa ocidental muda sua produção para a China com o objetivo de diminuir seus custos, pode-se cogitar que o aspecto econômico, favorável no momento da mudança, deva ter contribuído para a tomada de decisão. Não obstante, outros fatores ambientais, como as questões de ordem política e cultural, devem também ter sido "colocados na balança" e influenciado a decisão, dadas as significativas diferenças em como esses fatores são tratados na China e nos países do Ocidente.

Assim, embora possa parecer que os fatores ambientais e os níveis do ambiente do negócio estejam distantes da operação no dia a dia, na verdade, não estão. O exemplo citado descreve uma ação determinada no nível estratégico da empresa (transferência de parte da operação para outro país), que influenciará os níveis tático e operacional no momento de colocá-la em prática. De algum modo, a avaliação de desempenho deverá refletir decisões como essa, já que são elaboradas em consonância como os objetivos da empresa (no caso, a diminuição dos custos operacionais).

Outro exemplo leva em consideração um fator cultural: a escolha de um novo Papa. Foi noticiado o aumento do número de turistas na Argentina após a escolha do Papa Francisco, argentino e ex-morador de Buenos Aires. Pode-se supor que as empresas do segmento de turismo argentino estejam analisando suas condições estruturais (fatores econômicos), a partir desse evento. São considerações que vão desde o volume de hospedagem disponível até a contratação de profissionais e a oferta de treinamento para lidar com um número de turistas acima da média. Nesse contexto, as atividades de contratação e treinamento podem ser traduzidas em metas e fazerem parte de uma avaliação de desempenho de uma equipe de RH que atue nesse segmento, por exemplo.

> ## ▷ EXERCÍCIO DE APLICAÇÃO

Imagine que, analisado o ambiente externo, sua empresa decida abrir uma filial em outro país. Escolha o país de sua preferência. Determine um de seus objetivos e identifique, ao menos, uma meta para sua equipe para o próximo ano, em função dessa decisão. Lembre-se: este pode ser um item de sua avaliação de desempenho.

⦿ O desenho do cenário e a avaliação de desempenho

Alguns gestores utilizam-se da análise SWOT, uma ferramenta de planejamento estratégico, para desenhar o cenário no qual a empresa está inserida. A sigla em inglês indica que o ambiente pode ser caracterizado pela identificação das forças (*Strengths*) e fraquezas (*Weaknesses*) da empresa, pelas oportunidades (*Opportunities*) que podem aproveitar e pelas ameaças (*Threats*) que as empresas têm de enfrentar. O desenho do cenário contribui para que o gestor tenha visão geral, a partir de aspectos internos e externos à organização, de como alcançar os objetivos da empresa.

Os próximos passos serão: estabelecer objetivos e prazos com base no cenário, determinar as ações compatíveis com cada área, transformá-las em metas específicas e acompanhar o desempenho das equipes, por meio da avaliação.

▷ EXERCÍCIO DE APLICAÇÃO

Você é responsável pela gestão de desempenho de uma empresa do segmento de varejo e decide elaborar uma análise SWOT para a empresa. Que aspectos relacionaria como força, fraqueza, oportunidade e ameaça, nesse caso?

_____

_____

_____

_____

_____

_____

Vejamos o que deve ser considerado em cada uma das quatro categorias, quando o gestor elaborar uma análise SWOT. Primeiramente, é importante sinalizar que as forças e fraquezas de uma empresa traduzem seu **ambiente interno**. Os aspectos que atuam como **força** são aqueles que lhe conferem diferencial positivo, como reputação positiva da marca, estrutura física disponível, capital intelectual, recursos financeiros etc. Note que esses mesmos itens podem significar **fraquezas** para algumas empresas, se no momento da análise corresponderem a aspectos que precisam melhorar (por exemplo, marca desvalorizada, estrutura física insuficiente, recursos financeiros limitados e assim por diante).

Oportunidade e ameaças, por sua vez, retratam o ambiente externo à empresa. As **oportunidades**, como o nome sugere, referem-se ao que pode promover o crescimento da empresa ou conferir-lhe diferencial competitivo no mercado. Por exemplo, se uma cidade é escolhida para sediar um evento como os Jogos Olímpicos, o evento por si só é uma oportunidade para a economia local. Da mesma forma, se determinado estrato da população aumenta seu poder de compra, como vem acontecendo com a classe média em alguns países, deve representar uma oportunidade significativa para muitas empresas. As **ameaças**, por outro lado, são aspectos que podem comprometer o crescimento da empresa ou suas vantagens competitivas. Crise mundial, vulnerabilidade ao câmbio, políticas governamentais adversas ao negócio são exemplos de ameaças.

A seguir, a representação de um exemplo de análise SWOT.

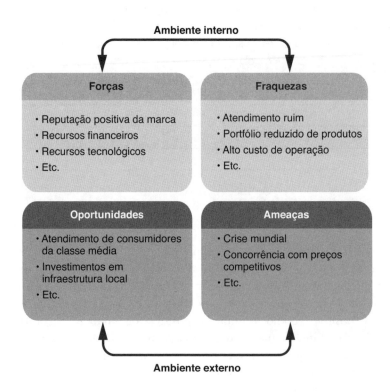

Representação da análise SWOT: um exemplo

Avaliação como Suporte à Gestão de Desempenho — **87**

▷ EXERCÍCIO DE APLICAÇÃO

Dando continuidade ao exercício anterior e feita a análise SWOT, que ação (ou ações) pode(m) ser associada(s) a uma avaliação de desempenho?

_____

_____

_____

_____

_____

Para Pensar

A análise SWOT reflete o ambiente interno (forças e fraquezas) e externo (oportunidades e ameaças) à empresa. Então, podemos afirmar que os tópicos relacionados em cada uma das categorias não representam as ações da empresa rumo ao alcance de seus objetivos, não é mesmo?

Um ponto que deve ser enfatizado é que os itens relacionados em cada categoria retratam o cenário no momento e não as ações da empresa. A análise combinada das categorias servirá à elaboração de um plano de ação. Assim, observando o exemplo na representação da análise SWOT (figura), algumas das ações determinadas pela empresa poderiam ser:

- O investimento em reforçar a marca junto aos consumidores, uma vez que já dispõe de reputação positiva (uma força).
- Direcionamento da marca especialmente para a classe média (uma das oportunidades).
- Paralelamente ao investimento em treinamento dos atendentes (uma de suas fraquezas).

88   CAPÍTULO 5

- De modo a diminuir o impacto das ações dos concorrentes (uma ameaça).

A gestão do desempenho considera os aspectos que devem ser valorizados (forças), eliminados ou controlados (fraquezas), explorados (oportunidades) e evitados ou mitigados (ameaças). Na prática, cada ação determinada deve corresponder a uma meta a ser alcançada em determinado período de tempo. Como na análise dos impactos dos fatores ambientais, descritas no tópico anterior, a avaliação de desempenho em consonância com tais metas confere suporte à gestão do desempenho da empresa, à medida que serve de meio para o acompanhamento do desempenho individual.

> EXERCÍCIO DE APLICAÇÃO

Você já ouviu falar em "apagão de talentos"? No Brasil, é como os especialistas referem-se à carência de mão de obra qualificada no país. Em que categoria da análise SWOT você colocaria esse item? Por quê? Como uma ação relacionada com o "apagão de talentos" pode aparecer em uma avaliação de desempenho?

_____

_____

_____

_____

_____

⊙ O Balanced Scored Card e a avaliação de desempenho

O *Balanced Scored Card* (BSC) é uma ferramenta de gerenciamento que visa a dar aos gestores uma visão do desempenho organizacional por meio não só de medidas de desempenho financeiras, mas também de medidas não financeiras. O que torna o BSC relevante em relação às atividades de recursos humanos é o fato de que sua aplicação adequada permite identificar o efeito das atividades da área no desempenho na empresa. Vejamos como.

A ferramenta divide-se em quatro perspectivas: **Aprendizagem e Crescimento**, **Processos Internos**, **Cliente** e **Financeira**. Para cada uma delas, o gestor e sua equipe deverão determinar índices de medição.

Avaliação como Suporte à Gestão de Desempenho

Para Pensar

Será que existe uma lógica na relação das perspectivas adotadas no BSC e os resultados obtidos pela empresa?

São objetivos do BSC:

- Alinhar as atividades da organização à visão e à estratégia;
- Estimular a sinergia entre as áreas da organização;
- Melhorar a comunicação interna e externa;
- Garantir o cumprimento das metas estabelecidas;
- Acompanhar, periodicamente, os resultados alcançados pela organização.

Na prática, ações e seus respectivos índices de medição são determinados em função dos objetivos da empresa, como enfatizado neste capítulo, em consonância com a visão e a estratégia da empresa.

Para Pensar

Os objetivos do BSC (alinhamento de atividades, sinergia entre as áreas, melhoria na comunicação, cumprimento de metas e acompanhamento de metas) sugerem que o desempenho de cada área impacte o desempenho das demais. Será? É possível imaginar que alguns índices relacionados diretamente à área de RH estejam associados a "Aprendizado e Crescimento", pela natureza da perspectiva em questão. Agora, como eu constato o efeito do desempenho de uma ação de RH nas demais áreas da empresa?

A tabela a seguir traz um exemplo em que para cada perspectiva se adota um índice e seu respectivo parâmetro, com o qual o desempenho será comparado.

Perspectiva	Índice	Parâmetro
Aprendizado e Crescimento	Número de horas de treinamento/mês	200 horas/mês
Processos Internos	Vendas/custo (em $)	Resultado > $5
Clientes	Satisfação do cliente	Ao menos 10 registros de elogio por mês
Financeiro	Lucro	Aumento de 10% em relação à mesma época no ano anterior

Como queremos identificar a participação de RH no desempenho da empresa, vamos analisar o exemplo partindo da perspectiva "Aprendizado e Crescimento" em direção às demais, como sugere a figura a seguir:

- O volume de treinamento, atividade sob a responsabilidade da área de RH (perspectiva "Aprendizado e Crescimento"), deve propiciar que os colaboradores estejam preparados para repensar e melhorar os processos internos da empresa.
- Vamos assumir, nesse exemplo, que a melhoria de processos específicos de produção e entrega dos produtos tenha impactado positivamente o resultado de vendas e a redução dos custos de produção (perspectiva "Processos Internos"), sem comprometer a qualidade do produto.

- A tendência é que produtos de qualidade entregues em tempo hábil afetem positivamente a satisfação dos clientes (perspectiva "Clientes"), estimulando-os a registrar elogios, voltar a comprar e recomendar a empresa a outros clientes.
- Nessa linha, pode-se assumir que a empresa não só consiga manter seus clientes atuais como venha a ganhar novos clientes, aumentando seu lucro no período (perspectiva "Financeiro").

Claro que, na prática, os resultados das empresas não são atingidos de maneira tão simplória como sugere o exemplo. No entanto, ainda que hipoteticamente, o exemplo explica a relação entre as perspectivas relacionadas no BSC, enfatizando o efeito de uma ação da área de RH (treinamento), na sequência de resultados obtidos por outras áreas.

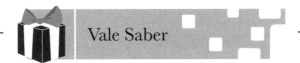

Indica-se que os representantes das áreas sejam convocados na determinação dos índices do BSC. A ideia é envolver no processo os colaboradores que conhecem mais "intimamente" cada uma das perspectivas.

Em algumas empresas, os índices correspondentes a cada perspectiva são determinados pela diretoria da empresa ou por sua área de planejamento. Recomenda-se, ainda assim, que tais índices sejam submetidos à apreciação dos colaboradores chaves da empresa, aqueles que serão os executores na prática e responsáveis por alcançar os parâmetros esperados. Por exemplo, se um dos índices de "Aprendizado e Crescimento" corresponder ao volume de treinamento no mês, nada mais coerente que envolver um representante da área de RH na aprovação do respectivo parâmetro. Afinal, os profissionais da área conhecem as condições disponíveis para entregar o volume de treinamento esperado.

Observe que cada parâmetro descrito na tabela utilizada como exemplo pode (e deve) ser desdobrado em metas individuais. É nesse momento que a aplicação da avaliação de desempenho se torna estratégica para a gestão de desempenho, não só em função do registro dos resultados que se pretende obter, mas também para dimensionar o nível de esforço que cada equipe deverá empreender a partir do compromisso assumido.

▷ EXERCÍCIO DE APLICAÇÃO

Vimos no exemplo que as ações de treinamento impactam no desempenho da empresa e que é possível medir tal impacto por meio de uma ferramenta de gestão, como o BSC. Você acha que a mesma análise poderia ser feita para as ações relacionadas com o recrutamento e seleção? Por quê?

A análise do ambiente em que a empresa está inserida e as ferramentas de gestão apresentadas neste capítulo serviram ao propósito de exemplificar como a aplicação da avaliação de desempenho serve de suporte à gestão de desempenho de uma empresa. A análise do ambiente desperta o gestor para o fato de que fatores no nível macro de análise podem impactar a empresa no nível micro. A análise SWOT, por sua vez, aponta que as ações determinadas pela empresa consideram aspectos do ambiente interno, passíveis de certo controle, e do ambiente externo, que não se pode controlar. Finalmente, o BSC propicia que a empresa acompanhe seu desempenho, em função dos índices e parâmetros por ela determinados.

Paralelamente, embora partindo de um ponto específico, este capítulo estimula a que os profissionais de RH adotem um olhar amplo em relação à gestão de desempenho como um todo. O exercício sistemático de estabelecer ligações entre as ferramentas de RH e as práticas de gestão de desempenho é importante para os profissionais da área, na medida em que contribui para contextualizar sua participação nos resultados obtidos pela empresa e ampliar seu entendimento do negócio, indo além das fronteiras de sua operação.

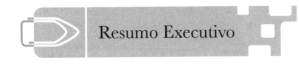

Resumo Executivo

- A avaliação de desempenho é uma das ferramentas que auxilia no suporte à gestão de desempenho.

- Na prática, as empresas podem fazer uso de modelos de análise do ambiente que orientam a gestão, além de outras ferramentas que, como a avaliação de desempenho, contribuem para o alcance dos resultados.

- Neste capítulo, em caráter ilustrativo, contextualizou-se o uso da avaliação de desempenho a partir de uma análise do ambiente em que está inserida determinada empresa e de duas ferramentas de gestão (análise SWOT e *Balanced Scored Card*).

- Este exercício não esgota as possibilidades de se estabelecer conexão entre as diversas ferramentas que servem como suporte à gestão do desempenho.

- Indica-se aos profissionais de RH o exercício sistemático nesse sentido, a fim de ampliar seu entendimento do negócio, bem como identificar o impacto de suas práticas na gestão do desempenho da empresa.

Teste Seu Conhecimento

1. Como o aumento da longevidade populacional (um fator demográfico) pode afetar o processo de seleção de uma empresa? Considere que, em última instância, o desempenho do profissional contratado afeta o desempenho da empresa.
2. Exemplifique um índice de recrutamento e seleção que poderia constar na perspectiva "Aprendizado e Crescimento" de um BSC.
3. Sua resposta à pergunta 2 pode ser convertida em uma meta e ser acompanhada por uma avaliação de desempenho? Como?

Capítulo 6

Tipos de Avaliação: Competências, Desempenho e Potencial

ESTUDO DE CASO

Joana estava empolgada com a questão da avaliação. Agora ela entendia a importância desse assunto para sua empresa, sabia como a avaliação se relacionava com as demais atividades ligadas à gestão de pessoas, conhecia os conceitos e o ciclo básico de avaliação. Resolveu conversar com uma amiga que trabalhava na área de Recursos Humanos e fazer um resumo sobre todos os seus novos conhecimentos na área.

Sua amiga explicou que ela estava no caminho: os conceitos estavam corretos, a necessidade de capacitar os avaliadores era imperativa, e a questão do contrato de desempenho era fundamental. Joana disse que vinha, inclusive, preparando um material pessoal no qual ela fazia seus registros para, quem sabe um dia, estruturar ela própria uma avaliação.

Aí surgiu um grande problema. Quando Joana comentou que pensava em, um dia, apoiar ou estruturar um modelo de avaliação, foi indagada por sua amiga: que tipo de avaliação você pretende planejar — avaliação de competências, de desempenho ou de potencial?

Até aqui, Joana acreditava que todas as avaliações visavam a medir o desempenho do colaborador. Agora, ela foi confrontada com uma novidade, e precisava se informar.

> **E você?** Consegue explicar para Joana a diferença entre as avaliações de competências, de desempenho e de potencial?

_____

_____

_____

_____

_____

_____

⊙ Tipos de avaliação

Existem diversas formas de se mensurar os resultados das pessoas dentro das organizações. A forma mais adequada é aquela que atende às definições estratégicas. Antes de definir o modelo de avaliação que será implementado, é preciso saber exatamente o que se quer da avaliação. Para isso, algumas perguntas podem ajudar:

- Qual o objetivo da avaliação?
- Como o resultado dessa avaliação será utilizado?
- Do resultado oriundo das avaliações, será desenvolvido um programa de capacitação?
- Os resultados das avaliações podem influenciar na permanência dos funcionários na empresa?
- O resultado das avaliações contribuirá para o plano de carreira e sucessão da empresa?

Perceba que a resposta a cada uma dessas perguntas vai orientar o tipo de avaliação que deve ser construída. Se, por exemplo, a ideia é que a avaliação contribua para a formulação do plano de sucessão ou, ainda, que traga informações que contribuam para a definição dos profissionais que serão desenvolvidos na sucessão da empresa, provavelmente uma avaliação que seja focada em compreender o potencial das pessoas será mais adequada.

Por outro lado, se a empresa tem o objetivo de utilizar os resultados da avaliação para o desenvolvimento das pessoas, partindo do princípio de que tal organização trabalha no modelo de competências, é possível inferir que uma avaliação que diagnostique e pontue as competências individuais seja bem-vista.

ESTUDO DE CASO

O departamento de RH de uma instituição precisa desenvolver uma avaliação na qual seja possível medir os resultados quantitativos e qualitativos da organização. Seu foco não está no desenvolvimento de pessoas. Ela deseja apenas saber como cada um dos empregados contribui para o resultado de seu departamento e, a seguir, como cada departamento contribui para os resultados em geral.

Nesse caso, qual seria o modelo de avaliação adequado? Justifique.

___

A definição de um tipo de avaliação não é algo estático. Uma mesma organização pode alterar sua forma de compreender a medida de resultados do trabalho das pessoas. Afinal, a própria estratégia das organizações evolui com o passar dos anos, o que implica a revisão de todos os processos de gestão de pessoas, incluído aí o processo de avaliação.

Vale Saber

Algumas empresas mudam o foco de sua avaliação com o tempo, para se adequarem às necessidades de evolução da própria organização. Por exemplo, o Banco do Brasil começou a avaliar o desempenho de seus funcionários em 1960, pela impressão da liderança a respeito do trabalho do subordinado. Em 1998, essa avaliação muda para ser capaz de medir os resultados de

> cada área. Nessa segunda fase, a avaliação se centrava na explicitação dos resultados (principalmente quantitativos) de cada um. Em 2005, a instituição financeira começa a avaliar por competência, já que adota tal sistema de gestão de pessoas.
>
> *Fonte: Silveira, 2007*

Da relação entre os objetivos ao se implementar processos de avaliação para a definição do tipo de avaliação que se vai adotar, há um caminho a se percorrer. Tal caminho pode ser simplificado pelo entendimento de cada um dos principais tipos de avaliação. De forma geral, os três principais tipos são: avaliação de competências, avaliação de desempenho e avaliação de potencial.

Para Pensar

A decisão pelo tipo de avaliação a ser implementada deve ser tomada pela área de recursos humanos, pela alta diretoria da instituição ou por uma decisão colegiada, representada por todos os departamentos?

◉ Avaliação de competências

Não é possível discutir a avaliação de competências sem ter clareza do conceito de competência. Por outro lado, conceituar competência não é fácil. Diversos autores vêm discutindo essa questão há algumas décadas, e o que tem sido possível encontrar são pontos de consenso, ainda que sem um acordo integral.

O conceito de competência é um dos temas mais discutidos nas pesquisas que se debruçam nos processos de gestão de pessoas. Isso acontece não somente por uma inquietação acadêmica, mas por uma resposta às necessidades de mercado. Da lista das 100 melhores empresas para se trabalhar (produzida pela *Great Place to Work*), em média 55% das empresas colocam a gestão de competências como o segundo assunto mais relevante (Ruas et al., 2007).

Uma das maiores referências no trabalho sobre as competências na administração é o autor Philipe Zarifian. Seus trabalhos discutiam como as competências poderiam contribuir para a melhoria da produção, da qualidade e, principalmente, das atividades desempenhadas no ambiente empresarial.

Para Zarifian (2001) chegar a seu próprio conceito, ele utilizou como base o conceito do Medef – Movimento das Empresas da França, que afirmava que:

> *A competência profissional é a combinação de conhecimentos, de saber fazer, de experiências e comportamentos que se exerce em um contexto preciso. Ela é constatada quando de sua utilização em situação profissional, a partir da qual é passível de validação. Compete então à empresa identificá-la, avaliá-la, validá-la e fazê-la evoluir.* (ZARIFIAN, 2001, p. 66)

Zarifian não partiu do conceito do Medef à toa. Em primeiro lugar, ele é um pesquisador francês da administração, o que faz supor que suas pesquisas visavam ao encontro de respostas para o seu cenário. Em segundo lugar, mas não menos importante, está o fato de que o conceito do Medef é baseado em um contexto preciso e em uma entrega. Essas duas questões estarão fortemente presentes em toda a obra desse autor.

A definição de competência para Zarifian será *"tomar a iniciativa, assumir a responsabilidade do indivíduo diante de situações profissionais com as quais se depara"* (2001, p. 68).

Muitos outros autores conceituaram competência de forma distinta de lá para cá. Mas, de forma geral, a maioria converge para o entendimento de que a competência seria uma combinação de conhecimentos (saber), habilidades (saber fazer) e atitudes (fazer). A competência seria, então, a entrega final.

102 _____ CAPÍTULO 6

Apesar de os conceitos convergirem para o mesmo ponto, o foco na definição de competência muda, dependendo principalmente do autor e de seu contexto. No quadro a seguir, é possível relacionar o conceito apresentado à ênfase que se busca dar.

Autores	Conceito	Ênfase
Boterf (1999, p. 109)	Saber mobilizar e combinar os recursos pessoais (conhecimentos, habilidades e atitudes) e os recursos de seu ambiente, de maneira pertinente, em uma situação específica.	Combinação de recursos para ação em contextos variados.
Fleury e Fleury (2000, p. 21)	Um saber agir responsável e reconhecido, que implica mobilizar, integrar, transferir conhecimentos, recursos, habilidades, que agreguem valor econômico à organização e valor social ao indivíduo.	Agregação de valor econômico e social.
Parry (1990, p. 60)	*Cluster* de conhecimentos, atitudes e habilidades relacionadas que influem na realização de uma atividade.	Desempenho no trabalho.
Zarifian (2001, p. 68)	A competência é o tomar a iniciativa e o assumir a responsabilidade do indivíduo diante de situações profissionais com as quais se depara.	Entendimento prático de situações complexas.

Fonte: Streit (2001, p. 59).

Streit (2001) mostra que, além do fato de os diversos conceitos convergirem para o entendimento de que a competência é fruto da combinação de conhecimentos, habilidades e atitudes, esta só pode ser percebida quando manifestada em um ambiente específico.

Até aqui, falamos do conceito de competência na perspectiva do indivíduo. Ou seja, a competência manifestada por uma pessoa. Mas esse não é o único tipo de competência. Ruas (2007) apresenta as diversas possibilidades de abordagem do assunto:

- Competências individuais e/ou gerenciais: entrega é resultado do trabalho individual.

- Competências coletivas e/ou grupais: entrega como resultado do trabalho coletivo.
- Competências organizacionais: dizem respeito à estratégia da empresa.

Se as competências podem ser individuais ou organizacionais, é possível supor que se pode pensar em avaliar a pessoa ou a organização como um todo. Há quem defenda que a competência organizacional é fruto das competências individuais. Certamente o é. Mas não é possível analisar tal competência pelo coletivo das individuais. As organizações, com o passar do tempo, desenvolvem conhecimentos que são próprios, o que faz com que elas passem a desenvolver competências individuais. Ou seja, é um caminho de mão dupla: o profissional desenvolve competências para a empresa, e a empresa desenvolve competências no profissional.

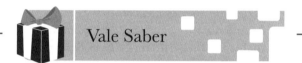

Existem diversos conceitos de competência na literatura da administração. Aqui são apresentados apenas alguns, mas vale buscar outros conceitos para confrontá-los e chegar ao seu próprio.

Antes de iniciarmos a discussão sobre o processo de avaliação de competências, é preciso diferenciar ainda duas expressões: avaliação **de** competências e avaliação **por** competências.

- Avaliação por competência: tipo de avaliação que adota as competências como critério.
- Avaliação de competências: avaliação que se propõe a mensurar um conjunto de competências.

Quando uma empresa opta por trabalhar no modelo de competências, ela precisa identificar as competências necessárias por nível: organizacionais, gerenciais, individuais etc. Nesse caso, o modelo que vai nortear a análise do desempenho do empregado é o modelo de competência que a empresa adota.

Em uma avaliação de competências, a organização precisa definir as competências de cada grupo funcional. A partir de então, será feita uma análise entre o nível de manifestação da competência por uma pessoa, comparando-a ao indicador que foi estabelecido.

Grupo funcional é um conceito que identifica como as pessoas se agrupam na organização. É possível agrupar as pessoas por cargo, função ou processo.
- Agrupamento por *cargo*: acontece quando é possível afirmar que todos os empregados que ocupam o mesmo cargo têm as mesmas competências requeridas.
- Agrupamento por *função*: quando, independentemente do cargo, a função é predominante na identificação das competências.
- Agrupamento por *processo*: visa relacionar as competências a um determinado processo de trabalho.

A avaliação de competências vai acontecer basicamente em três momentos: no mapeamento das competências, na preparação das pessoas para a execução de suas atividades e na apuração dos resultados. Em cada uma dessas etapas, ela terá características singulares.

- Avaliação de competências no mapeamento: é o momento no qual se avalia o tipo de competência que as pessoas precisam ter desenvolvidas para que as atividades previstas sejam realizadas a contento. Também é revelado o nível que uma competência precisa se manifestar, afinal a mesma competência pode existir em complexidades extremamente distintas. O mapeamento dessas competências permite que a organização busque profissionais que as possuam no mercado ou invista no desenvolvimento destas entre as pessoas que já fazem parte de seu quadro.
- Avaliação de competências na preparação dos profissionais: a preparação de profissionais para a realização de atividades planejadas pela instituição se dá, basicamente, de duas formas: seleção ou treinamento.

Com o mapeamento realizado, a avaliação de competências na seleção vai buscar aqueles que manifestam as competências requeridas no nível que é desejado. No treinamento, é identificado o *gap* entre as competências atuais e as requeridas para, sem seguida, se planejar um programa de desenvolvimento.

- Avaliação de competências na apuração de resultados: esse é o tipo de avaliação que vai acontecer no final do ciclo de gestão de pessoas. Seu objetivo principal é medir os resultados que uma determinada competência trouxer para a organização, normalmente em nível individualizado.

Para Pensar

Uma mesma competência pode ser manifestada em graus distintos? Por exemplo, a competência "negociação" é a mesma para um alto executivo e para um profissional da área de suprimentos?

Para o processo de avaliação de competências, é preciso que a competência seja expressa com muita clareza. Em alguns casos, encontram-se empresas que tratam a competência exclusivamente pelo seu nome. Por exemplo: orientação para resultados. Entretanto, é preciso que se defina o que é "orientação para resultados" na empresa referida. Veja alguns exemplos possíveis:

- Capacidade de identificar ideias que no curto prazo possam trazer resultados financeiros para a empresa.
- Conhecimento profundo e acompanhamento constante dos resultados da organização.
- Disponibilidade para desempenhar atividades que, sabidamente, trarão resultados para a empresa.

Note que a primeira definição está focada na criatividade, a segunda, no conhecimento dos números, e a terceira, na disponibilidade da pessoa. Mas todas podem ser definidas como "orientação para resultados". Isso significa que não se pode pensar em uma competência para ser avaliada se não estiver bastante claro exatamente o que se quer analisar.

ESTUDO DE CASO

Joana se envolveu com a questão da avaliação e, depois de conhecer um pouco melhor o conceito de competências, acredita que é o melhor caminho para o desenvolvimento de sua proposta. Ela ainda não tem clareza de como poderia implementar uma avaliação de competências. Como você poderia ajudá-la? Que passos você sugeriria que ela seguisse?

_____
_____
_____
_____
_____
_____
_____

Ao estruturar competências que servirão de base para a avaliação das pessoas, não é possível deixar de considerar a identificação dos profissionais com a descrição de cada uma. Esse alerta precisa ser dado em função da situação comum na qual um empregado não se enxerga dentro da descrição de uma competência. Por exemplo, um departamento de RH define que um estatístico precisa ter como competência "conhecimento do que espera o cliente". É possível que, para um estatístico, seja relevante, em determinados trabalhos, não conhecer o que espera o cliente, justamente para garantir a neutralidade de suas análises. Esse é apenas um exemplo, mas essa situação é bem mais comum do que se pode imaginar.

Na seleção de pessoas, a avaliação de competências se dá por uma técnica conhecida no mercado como avaliação comportamental. Nesta, o selecionador coloca uma questão em pauta e pede que o entrevistado explique como agiu em um caso similar no passado. A ideia é tentar prever como seria o comportamento caso tal contexto se repetisse. Por exemplo, ao se contratar um enfermeiro para atuar em um setor de emergência de um hospital, é possível que uma das questões seja: *você já viveu uma situação de limite, na qual sua atuação fosse imprescindível para garantir a vida de um paciente? Como foi essa situação? Como você agiu?* A partir das respostas, tenta-se prever como o profissional agiria se isso realmente acontecesse.

▷ EXERCÍCIO DE APLICAÇÃO

Imagine que você precisa estruturar competências que sirvam para uma avaliação de desempenho. Tente definir três competências.

Competência 1: _____
Descrição: _____
_____
_____

Competência 2: _____
Descrição: _____
_____
_____

Competência 3: _____
Descrição: _____
_____
_____

Vale Saber

Para garantir que o avaliador está identificando corretamente a competência, diversas organizações definem os indicadores das competências. Esses indicadores são manifestações claras de cada uma delas. Vejamos um exemplo:
Competência: Capacidade de negociação.
Descrição: Habilidade em fazer com que pessoas ou grupos cheguem a um consenso, sempre que houver um tema polêmico que diz respeito às atividades de sua área.
Grau de manifestação da competência: Elevado.
Indicadores: Apresenta ideias assertivas para os dois lados.
              Estimula a abertura às novas possibilidades nas pessoas.
              Intervém sempre que é solicitado.
              Promove acordos explícitos.

Há diversas metodologias para a identificação de competências nas organizações. De forma geral, todas elas partem dos seguintes princípios:

- Participação dos empregados.
- Relação entre a competência e o trabalho executado na área.
- Forte implicação da competência com a estratégia.
- Possibilidade de observação da competência.
- Possibilidade de mensuração da competência.

A participação dos empregados trata da questão da identificação das pessoas com as competências. A relação entre a competência e a área, bem como da competência com a estratégia organizacional, diz respeito à necessidade de o modelo de avaliação estar fortemente ligado ao projeto de futuro da instituição. Além disso, vale lembrar que uma avaliação só pode ser realizada sobre um comportamento que pode ser observado e medido.

Os passos para tal construção normalmente incluem:
1. Definição do grupo de empregados que irá participar.
2. Definição da metodologia de identificação das competências.
3. Consolidação e associação de indicadores.
4. Nomeação e descrição das competências.

Não é demais lembrar que uma avaliação de competências, para funcionar de forma adequada, precisa ser construída pela organização individualmente. É muito possível que um modelo de avaliação não vá servir para atender a outras organizações.

Para Pensar

O que uma organização ganha em estruturar um modelo de avaliação que atenda às suas necessidades específicas? Quais os riscos de se utilizarem avaliações padronizadas (que atendam a qualquer instituição)?

⊙ Avaliação de desempenho

A avaliação de desempenho é aquela que se presta a medir o desempenho. Por isso, para compreender exatamente o que é esse tipo de avaliação, é preciso conhecer com clareza o conceito de desempenho.

Desempenho, do ponto de vista individual, é definido como o resultado do rendimento, visto por meio de um conjunto predeterminado de indicadores. O desempenho de uma organização pode ser definido da mesma forma, analisando os indicadores de uma perspectiva mais global.

Nas palavras de Souza et al. (2009),

> *desempenho é ação intencional, decorrente da aplicação de potenciais e competências, que permitem o alcance de resultados desejados. Devido à influência de variáveis distintas, o indivíduo não pode ser responsabilizado, isoladamente, pelos resultados obtidos.* (p. 24)

Essa definição de desempenho carrega um conjunto de características implícitas. Por ela, entende-se que o desempenho deve:

- Acontecer em um determinado contexto.
- Ser observável.
- Ser passível de mensuração.
- Estar explícito.
- Ser comparável.
- Possuir um parâmetro.

O primeiro ponto apresentado é o de que um desempenho na organização sempre acontece em um contexto. Essa afirmação pode soar óbvia, mas nem sempre é. Não é raro identificar modelos de verificação de desempenho que o analisam fora de um contexto. O desempenho, para fins de avaliação, precisa ter o contexto de trabalho mapeado para que sua análise não sofra vieses. Imagine a seguinte situação: uma organização que produz motores para motocicletas tem uma média de produção mensal por operador de 50 motores. O estudo dessa média passada levou a administração a estabelecer a meta de desempenho de produção de 50 motores. Mas, por um problema de manutenção, uma máquina ficou parada e fez com que, em um dado mês, cada operador produzisse em média 45 motores. Como essa informação será analisada no processo de avaliação? O operador será "punido" em seu indicador de desempenho?

Nem sempre é possível isolar o papel do ambiente no desempenho de uma pessoa ou de uma organização. Todos os tipos de avaliação estão sujeitos a essa interferência.

O segundo e terceiro aspectos a serem considerados são a necessidade de observação e de mensuração de um desempenho. Não é possível sequer perceber um desempenho se ele não puder ser medido. As características de observação e mensuração andam juntas, já que não é possível medir o que não se pode observar.

Algumas vezes, profissionais, ao desenvolverem modelos de avaliação, confundem comportamento com desempenho. A questão da possibilidade de medir é uma forma simples de diferenciar um do outro.

Tipos de Avaliação: Competências, Desempenho e Potencial

▷ EXERCÍCIO DE APLICAÇÃO

Defina se os itens a seguir são indicadores de desempenho:

Relacionamento com a equipe: _____

Produtividade: _____

Absenteísmo: _____

Criatividade: _____

Produtividade e absenteísmo são possíveis de se medir com facilidade e, portanto, são identificados como indicadores de desempenho. Relacionamento com a equipe e criatividade são muito difíceis de serem medidos. Em uma primeira análise, não poderiam ser vistos como desempenho. Entretanto, algumas organizações, devido à especificidade de seu negócio, tratam de incluí-los como desempenho, criando formas de tentar medi-los. Por exemplo, a criatividade poderia ser avaliada pelo número de novas ideias consideradas pelo comitê de inovação.

Para Pensar

A forma como algumas organizações buscam transformar comportamentos em situações que possam ser medidas influencia no processo de medição do desempenho?

Se um desempenho precisa ser observável e mensurável, então ele precisa estar explícito. E não é redundante fazer esse tipo de afirmação. Há diversos comportamentos nas organizações que não são explícitos. Por exemplo, se uma instituição estabelece que o percentual de absenteísmo será um indicador de desempenho individual ou de uma equipe, é preciso que a área de recursos humanos explicite esse indicador. Não será possível avaliá-lo se a instituição não tiver um controle de acesso de seus empregados que permite observar e medir.

A comparabilidade de desempenho também é uma questão importante. O resultado que uma medida de desempenho apresenta precisa permitir que se comparem os resultados individuais. Por exemplo, ao se trabalhar com uma escala que utiliza percentual, esse percentual precisa fazer referência a um todo que seja similar para os diversos indivíduos. Continuando no exemplo do absenteísmo, se o percentual será calculado sobre o número de dias de trabalho de um mês, esse número precisa ser igual para todos os envolvidos na mesma atividade.

Para Pensar

Você conhece indicadores de desempenho de alguma organização que não permitem a comparabilidade? Por que isso acontece? Como pode ser evitado?

Quando falamos sobre desempenho, precisamos ter um ideal. Esse ideal é o parâmetro de desempenho, que sinaliza se o nível alcançado está acima, dentro ou abaixo do esperado. Veja o exemplo de uma tabela de resultado de desempenho de produtividade:

Resultado de produtividade	
Funcionário A	54 peças
Funcionário B	49 peças
Funcionário C	55 peças
Funcionário D	51 peças

Fonte: Sistema de gestão de produtividade

Perceba que, com base nas informações contidas nesse quadro, só é possível fazer comparações simples. Não se consegue identificar até que ponto o desempenho dessas pessoas foi bom ou não. Dependendo do parâmetro, os resultados podem variar muito. Veja alguns exemplos de parâmetros.

- Se o parâmetro for produzir 40 peças por mês: o resultado de todos os empregados foi excelente.
- Se o parâmetro for produzir 50 peças por mês: o resultado de todos os empregados ficou muito próximo do esperado.
- Se o parâmetro for produzir 60 peças por mês: o resultado de todos os empregados foi ruim.

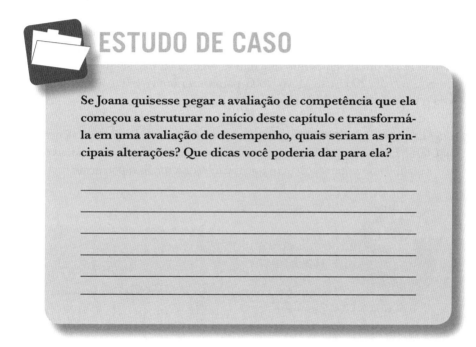

ESTUDO DE CASO

Se Joana quisesse pegar a avaliação de competência que ela começou a estruturar no início deste capítulo e transformá-la em uma avaliação de desempenho, quais seriam as principais alterações? Que dicas você poderia dar para ela?

Muitas organizações pregam a necessidade de se avaliar competências ou, ainda, o potencial dos empregados. A verdade é que a maioria ainda trabalha com avaliação de desempenho porque esta é a que melhor traduz os anseios dos empresários.

⦿ Avaliação de potencial

O conceito de potencial na administração ainda não é um consenso. O que se percebe é que ele transita entre dois pontos: uma situação que é passível de ser aprendida ou uma condição permanente de executar uma atividade.

A corrente que entende que o potencial é uma capacidade para aprender uma nova situação define o termo como a possibilidade de aprender algo novo. Nesse sentido, o potencial passa a ser encarado como "potencial de aprendizagem". Por outro lado, há os que defendem que o potencial só pode ser caracterizado por um comportamento que possa estar presente no exato momento em que se precise dele.

Os impactos da compreensão de potencial por uma ou outra perspectiva para a avaliação são enormes. No primeiro caso, não é simples prever o que uma pessoa é capaz de aprender. Mesmo com os diversos avanços tecnológicos e de processos, essa previsão só poderia ser confirmada na prática. Por isso, avaliar o potencial seria sempre algo inacabado ou passível de erros. Por outro lado, a aceitação de que o potencial é algo que pode ser manifestado imediatamente traduz a mensuração do potencial em uma mensuração de desempenho, mas de um desempenho que não se precisa ou não se quer.

Souza et al. (2009) cita Mayo (2003) para trazer uma questão fundamental para esta discussão: "potencial para quê?". Há duas formas de se pensar essa pergunta. Primeiro, por que uma organização desejaria avaliar o potencial de um colaborador? Em que interessa saber o que uma pessoa é capaz de fazer se ela efetivamente não fará? Em segundo lugar, as pessoas têm potenciais diferentes em áreas diferentes. Então, como organização, em que me interessa medir o potencial?

Para Pensar

Por que uma organização se interessaria em avaliar o potencial das pessoas?

Diversas razões podem levar uma organização a sentir a necessidade de identificar o potencial das pessoas. Destacam-se:

- O planejamento de sucessão.
- A rotatividade de atividades (*job rotation*).
- A necessidade de mudanças nos negócios.
- A possibilidade de empregados que atuem em áreas distintas.

A maioria das instituições que implementam a avaliação de potencial a utiliza exclusivamente para apoiar seus programas de sucessão. Nesses casos, a ideia é identificar o potencial de gestão dos empregados que atuam em atividades de nível operacional.

Um segundo ponto a ser considerado é aquilo que se deseja que as pessoas tenham potencial para realizar. Uma avaliação de potencial precisa saber exatamente o que está procurando. Por exemplo, em uma organização que passa por um sólido processo de internacionalização, consolidando parceria com os chineses, a avaliação pode buscar identificar os empregados que têm potencial de negociação com culturas muito diversas.

A verdade é que avaliar potencial ainda é algo muito novo nas organizações brasileiras. Diversos autores criticam esse fato ao postular que o desconhecimento do potencial das pessoas leva as organizações a lhes atribuírem tarefas pouco desafiadoras e, no extremo, desconfortáveis.

ESTUDO DE CASO

Joana achou a avaliação de competências e a de desempenho muito claras. Sabia exatamente como poderia avaliar as entregas dos profissionais (competência) e medir os resultados obtidos (desempenho). Mas ela não tinha clareza sobre como poderia avaliar atividades que os empregados não desempenhavam. Você pode ajudá-la? Que tipos de processos e procedimentos avaliativos ela poderia utilizar?

Um último ponto que não pode deixar de ser tratado é a certeza de que a avaliação de potencial traz um resultado que só poderá ser comprovado no momento da avaliação de desempenho. Verificar que uma pessoa é capaz de realizar uma atividade não significa dizer que ela efetivamente a realizará quando tal competência for demandada.

▷ EXERCÍCIO DE APLICAÇÃO

Suponha que uma instituição deseja identificar os empregados com potencial para assumirem cargos de gestão em um horizonte de 24 meses. Que indicadores você estabeleceria para essa avaliação? Que processos usaria para identificá-los?

Indicadores

1. _____   2. _____
3. _____   4. _____

Etapas e processos

_____
_____
_____
_____
_____

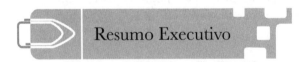

Resumo Executivo

- O tipo de avaliação escolhido pela organização precisa atender às suas estratégias.

- Os principais tipos de avaliação utilizados nas organizações são: avaliação de competências, avaliação de conhecimento e avaliação de potencial.

- A avaliação de competências pode ser feita no mapeamento da competência, na preparação dos profissionais ou na apuração dos resultados.

- A avaliação de competências mede a entrega das pessoas em um determinado contexto.

- A avaliação de desempenho existe para mensurar o resultado do rendimento das pessoas e das organizações.

- A avaliação de desempenho atende ao modelo organizacional que se foca pelos resultados mensuráveis.

- A avaliação de potencial se preocupa em mensurar o que as pessoas são capazes de fazer, mesmo que ainda não o façam.

- A avaliação de potencial atende às organizações com planejamento futuro de médio/longo prazos.

Teste Seu Conhecimento

1. Conceitue os termos:
   a. Competência
   b. Desempenho
   c. Potencial
2. Explique a função das avaliações a seguir:
   a. Avaliação de competência
   b. Avaliação de desempenho
   c. Avaliação de potencial

Capítulo 7

Ferramentas de Avaliação e Gestão de Desempenho

Joana já compreendia o processo de avaliação de desempenho. Entendia como ele se relacionava com os demais subsistemas de gestão de pessoas, sabia da importância desse processo avaliativo para os resultados da organização e percebia que as avaliações dependem de critérios. Entretanto, uma dúvida persistia: como realizar essa avaliação na prática? Que tipos de ferramentas estariam disponíveis para que as organizações pudessem realizar essa atividade?

Nesse caso, Joana já está concluindo seu processo de aprendizagem sobre avaliação de desempenho. Após aprender sobre os principais conceitos, ela tem uma dúvida instrumental: quais os principais instrumentos para gerenciar e avaliar desempenho?

⊙ Ferramentas de avaliação de desempenho

Há diversas formas de se avaliar o desempenho das pessoas nas organizações. Não é incomum que as instituições construam modelos próprios, que atendam às suas especificidades. Nesses casos, a organização tende a utilizar algum modelo consagrado na literatura, ajustando pontos específicos para que se adaptem às suas necessidades.

Dentre as principais formas de realizar avaliações, destacamos:
1. Escalas gráficas de classificação
2. Escolha e distribuição forçada
3. Pesquisa de campo
4. Incidentes críticos
5. Comparação de pares

6. Autoavaliação
7. Relatório de desempenho
8. Avaliação por resultados
9. Avaliação por objetivos
10. Padrões de desempenho
11. Frases descritivas

A seguir, são apresentadas as características de cada um dos tipos mencionados.

◣ Escalas gráficas de classificação

As escalas gráficas são, talvez, o método mais utilizado pelas organizações em geral. Esse modelo parte da definição de indicadores que retratam o desempenho das pessoas diante do resultado esperado pela instituição como um todo. Cada um dos indicadores é graduado em escalas que variam, normalmente, de *muito bom* a *muito ruim*.

O preenchimento de uma avaliação nesse modelo utiliza um instrumento de entrada dupla, na qual um eixo define os indicadores e o outro, as gradações. O modelo a seguir exemplifica:

Indicadores	Ótimo	Bom	Regular	Ruim	Péssimo
Assiduidade					
Pontualidade					
Relacionamento					
Produtividade					

As principais vantagens no uso da escala gráfica são:

- Facilidade, pois é o método mais aplicado.
- Simplicidade na compreensão do modelo por parte dos avaliadores e dos avaliados.
- Possibilidade de comparação dos resultados dos empregados.
- Facilidade na consolidação dos dados.

As principais desvantagens no uso desse método são:

- Foco no desempenho passado.

Ferramentas de Avaliação e Gestão de Desempenho — **123**

- Tende à subjetividade do avaliador se os critérios não forem muito bem detalhados.
- Tende a homogeneizar as pessoas e as atividades de trabalho.
- Atribui ao avaliador toda a responsabilidade pela avaliação.

Para Pensar

Por que o método da escala gráfica tem sido o mais utilizado por grande parte das organizações?

O método da escala gráfica recebe esse nome porque seus resultados são facilmente convertidos em gráficos, o que facilita a visualização e a compreensão, principalmente ao se analisar resultados de vários empregados.

▷ EXERCÍCIO DE APLICAÇÃO

Que tal estruturar um modelo simples de avaliação pelo método da escala gráfica para a organização na qual você trabalha ou, ainda, alguma organização que você conheça? De forma simplificada, elabore um modelo de tabela similar ao que foi apresentado. Lembre-se de que você deverá definir os indicadores e o nível de gradação.

Indicadores					

124   CAPÍTULO 7

◥ Escolha e distribuição forçada

O método da escolha e distribuição forçada tem, em sua origem, uma forte preocupação em minimizar a subjetividade. Ele utiliza frases que visam descrever objetivamente o comportamento de um empregado. Nesse caso, acredita-se que o avaliador terá menor possibilidade de se sentir influenciado por um fator que não seja sua percepção do trabalho do avaliado.

Vejamos um exemplo de indicador do método de escolha forçada, com seus seguintes critérios:

A respeito do processo de atendimento ao cliente, o empregado:
a. Demonstra respeito e cordialidade sempre, em todas as situações.
b. Demonstra respeito e cordialidade frequentemente na maioria das situações.
c. Demonstra respeito e cordialidade em poucas situações.
d. Nunca demonstra respeito e cordialidade.

Veja que na situação anterior o avaliador não tem a possibilidade de expressar sua opinião. Ele terá que, necessariamente, enquadrar o comportamento do avaliado em um dos itens preestabelecidos.

O modelo de escolha forçada em sua origem trabalha com apenas quatro conceitos (demonstra sempre; na maioria das vezes; poucas vezes; nunca). Algumas organizações, com a evolução desse método, adaptaram essa ideia para atender às suas necessidades específicas.

A distribuição forçada parte da ideia de que é preciso separar os grupos de avaliados em blocos que apresentem os melhores e os piores. Muitas vezes, um avaliador coloca todos os avaliados em um mesmo patamar. Não é incomum encontrar grupos nos quais todos são excelentes! Ou, ainda, grupos em que todos são classificados como muito ruins!

A distribuição forçada obriga o avaliador a classificar seu grupo de avaliados em um dos cinco parâmetros: muito bom, bom, regular, ruim ou muito ruim. De forma geral, utiliza-se o mesmo percentual para a classificação dos grupos, como pode ser visto no gráfico da página seguinte.

Quando se utiliza a distribuição forçada, acredita-se que a maioria das pessoas executa sua atividade de forma regular. Isso poderia ser verificado de acordo com os defensores desse método, pelos resultados da organização. Uma organização na qual todos são muito bons deveria ter resultados excepcionais, o que nem sempre é verdade.

Apesar de os nomes e as ideias serem similares, a distribuição forçada não utiliza o método da escolha forçada. Nessa situação, o avaliador deve simplesmente enquadrar sua equipe em um dos grupos utilizando, preferencialmente, resultados tangíveis do trabalho das pessoas.

Ferramentas de Avaliação e Gestão de Desempenho

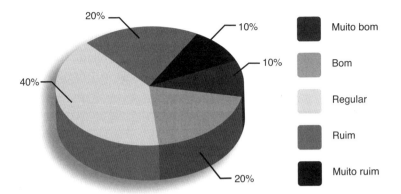

A grande crítica à distribuição forçada encontra-se na falta de parâmetros. É muito comum que o funcionário que é mal avaliado queira saber exatamente os pontos nos quais ele deve melhorar. Ou seja, a ideia inicial de simplicidade acaba se tornando um problema para o avaliador.

As principais vantagens do método da escolha forçada ou da distribuição forçada são:

- Evita o efeito de halo (no qual o avaliador marca o mesmo critério para todos os indicadores).
- Reduz a influência pessoal do avaliador.
- Não demanda treinamento complexo.
- Permite classificações e ranqueamento.

As principais desvantagens são:

- Elaboração complexa das escalas.
- Dificuldade para o avaliador oferecer *feedback*.
- Possível rigidez do modelo.
- Entendimento dos avaliados como sujeitos passivos no processo de avaliação.

Efeito de halo, de forma geral, é a possibilidade que a avaliação de um determinado item influa na avaliação de outro. Em gestão de pessoas, ele é traduzido fundamentalmente pela possibilidade que um avaliador tem de beneficiar um avaliado por conta de sua relação pessoal.

▷ EXERCÍCIO DE APLICAÇÃO

Você trabalha em uma empresa que resolveu implementar o método de escolha forçada. Crie dois indicadores e redija os critérios.

Indicador 1: _____

a) _____

b) _____

c) _____

d) _____

Indicador 2: _____

a) _____

b) _____

c) _____

d) _____

Para Pensar

Em que modelos de organização você acredita que o método da escolha forçada ou a distribuição forçada se aplica?

◥ Pesquisa de campo

A pesquisa de campo é um método de avaliação no qual um profissional de recursos humanos especialista em processos de avaliação vai, literalmente, ao campo de trabalho do avaliado. Lá, ele pesquisa o desempenho real, comparando-o ao desempenho desejável para a função que o avaliado exerce. De forma geral, as organizações que adotam esse modelo de avaliação realizam exclusivamente entrevistas com os gestores imediatos. Nessa entrevista, citam os indicadores e critérios disponíveis e buscam relacionar o ideal ao real.

Por diversos motivos, a pesquisa de campo não se popularizou no Brasil. A literatura fala sobre a carência de profissionais especializados nesse tipo de pesquisa, a falta de percepção dos gestores sobre a validade desse processo de avaliação e, de forma mais corriqueira, a carência de profissionais de recursos humanos em geral, representado pelo baixo número de pessoas presentes nas áreas de gestão de pessoas.

A principal vantagem do uso da pesquisa de campo reside na padronização da avaliação. Afinal, se o mesmo avaliador será utilizado para realizar a avaliação de profissionais de diversas áreas, tende-se a eliminar o viés da subjetividade do avaliador — ou, ao menos, garantir a "padronização dos vieses". Outra forte vantagem está na falta de relacionamento entre avaliador e avaliado, o que reduziria o efeito de halo. Vale considerar, contudo, que o avaliador utilizará a percepção de alguém sobre o avaliado, o que leva a crer que a subjetividade foi apenas secundarizada, mas ainda está lá.

Aqueles que defendem a pesquisa de campo como método de avaliação utilizam a possibilidade de construção de um plano de desenvolvimento pessoal, com a participação do profissional de RH e do gestor direto do avaliado, como grande benefício. A ideia seria argumentar que, nesse caso, o resultado da avaliação teria um efeito prático, não apenas burocrático, como ainda se percebe em diversas organizações.

Por ser complicada sua implementação, diversas desvantagens são citadas. Dentre elas, destacamos:

- A possível percepção do líder de que não tem controle sobre a avaliação de seus subordinados.
- A falta de relacionamento entre o RH e as demais áreas, o que torna o negócio da empresa uma novidade para o profissional de RH.
- O *feedback* para o empregado, baseado em um resultado que não foi formalizado pelo líder.
- O tempo de duração desse tipo de avaliação, já que o número de profissionais que poderiam conduzir a pesquisa é limitado.

Para Pensar

Você conhece alguma organização que utilize a pesquisa de campo como método de avaliação de desempenho? Se conhecer, tente identificar as razões que levaram a organização a adotar esse modelo.

A pesquisa de campo como método de avaliação é extremamente trabalhosa porque exigirá muito planejamento. Só é possível realizar de forma adequada essa metodologia se houver clareza sobre o tipo de atividade que é exercida pelo avaliado.

▷ EXERCÍCIO DE APLICAÇÃO

Suponha que você terá que estruturar uma pesquisa de campo como processo de avaliação de uma organização. Por onde você começaria? Que etapas não poderiam ser esquecidas? Registre a seguir seus comentários.

_____

_____

_____

◥ Incidentes críticos

O método do incidente crítico parte da ideia de que alguns poucos fatos que ocorrem no cotidiano da organização serão responsáveis pelo sucesso ou pelo fracasso desta. Por isso, ele não considerará comportamentos considerados "normais". Isso quer dizer que se tratará de uma avaliação que buscará apenas os extremos, tanto positivos quanto negativos.

O cerne desse modelo de avaliação está na busca da identificação e do reconhecimento das atividades críticas. Tal identificação e reconhecimento implicariam a busca de que essas atitudes fossem repetidas. Ao contrário, as atitudes que parecem gerar prejuízo seriam identificadas e punidas no intuito de suprimi-las.

Ferramentas de Avaliação e Gestão de Desempenho — **129**

Utilizar o incidente crítico tem vários aspectos positivos. Para começar, os extremos que caracterizam o sucesso ou o fracasso de uma atividade não são influenciados pelas atitudes cotidianas. Além disso, ele exige que se registre com frequência os principais comportamentos fazendo com que haja maior formalização da avaliação. É preciso lembrar também que, ao adotar esse modelo, a organização passa a identificar com clareza os pontos que efetivamente contribuem para seu resultado (tanto positivo quanto negativo).

Não são muitas as organizações que utilizam esse método no Brasil. As que utilizam apresentam como desvantagem a dificuldade na identificação desses incidentes, já que eles acabam se confundindo com a rotina. Isolar uma variável dentro de um contexto complexo é, em todas as ciências, algo extremamente complicado.

Para Pensar

Até que ponto as atividades consideradas rotineiras não devem ser consideradas na avaliação do desempenho humano?

▷ EXERCÍCIO DE APLICAÇÃO

Tome a empresa na qual você trabalha ou alguma outra organização que você conhece. Agora, tente definir alguns exemplos de incidentes críticos. Para isso, utilize os campos a seguir:

Organização: _____

Competência organizacional principal: _____

Cargo/função avaliado: _____

Incidentes críticos positivos: _____

_____

_____

_____

Incidentes críticos negativos: _____

_____

_____

_____

130 CAPÍTULO 7

◤ Comparação de pares

O método de avaliação da comparação de pares (também chamado de comparação binária) atende às organizações que consideram relevante haver o ranqueamento das pessoas. Nesse método, um empregado é comparado a outro ou à média do resultado da equipe na qual está inserido. Essa combinação par a par é feita até que se tenham concluído todas as avaliações dessa área.

A grande vantagem de se utilizar esse método é a certeza de que o resultado da avaliação do desempenho do empregado faz sentido quando comparado ao dos demais empregados que atuam em processos ou áreas similares. Afinal, frequentemente as pessoas recebem resultados de avaliação similares em situações nas quais o desempenho comparado é claramente desigual. A figura a seguir mostra como seriam realizadas as avaliações de cinco empregados por esse método.

Empregados	Rodadas de avaliação
1	1 × 2
2	2 × 3
3	3 × 4
4	4 × 5
5	5 × 1

Perceba que chama a atenção a ideia de que, se o mediador da avaliação for a mesma pessoa, extrair um ranking do resultado final será muito simples. Afinal, o desempenho de cada um foi comparado ao de mais dois, que tiveram seus desempenhos também comparados.

A grande dificuldade de lidar com esse método nas organizações é a impossibilidade (ou, ao menos, a grande dificuldade) de se implementar um modelo como esse para um departamento com grande número de empregados. Nesse caso, ainda que se conseguisse realizar a avaliação par a par, a comparação em algum momento ficaria muito distante entre as pessoas, o que faria com que se perdesse o maior benefício desse método.

◤ Autoavaliação

Como é possível inferir pelo nome, esse método consiste em levar a pessoa a avaliar seu próprio desempenho. Dificilmente as organizações adotam a auto-

Para Pensar

Por que a avaliação por comparação de pares não é muito difundida como política avaliativa de pessoas nas organizações brasileiras?

avaliação como estratégia única de avaliação de desempenho. Normalmente, quando esse método é utilizado, ele compõe um método maior, como uma avaliação 360° ou ainda uma avaliação por pares.

A premissa central da autoavaliação de desempenho é a confiança de que o avaliado tem condição de medir de forma correta e justa o resultado de seu trabalho.

As organizações que utilizam a autoavaliação de desempenho como uma das estratégias de mensuração do desempenho das pessoas têm a possibilidade de ofertar ações oriundas dos resultados dessas avaliações que atendem de forma efetiva às necessidades e aos desejos de seus empregados. Em outras palavras, o avaliado percebe as iniciativas que foram feitas com base na avaliação como ações direcionadas para ele. Diferentemente do que pode ocorrer quando ele não tem uma participação efetiva.

Por outro lado, a autoavaliação pode fazer com que o avaliado se coloque nos extremos. Não é incomum que se julgue o próprio comportamento como muito melhor do que efetivamente é. Ou, em outros casos, como muito pior, principalmente pela preocupação em não demonstrar prepotência ao avaliar a si próprio.

Para Pensar

Até que ponto as pessoas são capazes de avaliar seu próprio comportamento relacionado com o desempenho de suas atividades? É possível ter uma avaliação completa sem praticar a autoavaliação?

132 — CAPÍTULO 7

A autoavaliação pode funcionar efetivamente como uma balizadora de desempenho, quando essa necessidade existe. Em outras palavras, esse tipo de avaliação se presta a análises comparativas entre o desempenho visto de fora (exógeno) e o desempenho visto pela própria pessoa (endógeno).

> ### ▷ EXERCÍCIO DE APLICAÇÃO
>
> Uma organização resolveu adotar a autoavaliação como um dos aspectos centrais de seu modelo de avaliação de desempenho. Os itens que o chefe avalia o subordinado hoje são:
> Assiduidade/pontualidade
> Qualidade de entrega
> Metas de produção
> Relacionamento interpessoal
> Foi solicitado que você convertesse esses itens em tópicos para autoavaliação. Preencha a seguir seu modelo proposto:
>
> _____
> _____
> _____
> _____

◤ Relatório de desempenho

Os relatórios de desempenho ou de *performance* são frequentemente tratados como um modelo de avaliação informal. Isso porque eles são, em sua essência, uma descrição livre do comportamento do avaliado. Essa descrição deve considerar as características de pessoa e sua relação com o trabalho, os pontos fortes e fracos, além de sinalizar as potencialidades e as oportunidades de desenvolvimento profissional.

Aqueles que utilizam os relatórios de *performance* como instrumento de avaliação de desempenho defendem o fato de que esse modelo permite que o avaliador aprofunde suas reflexões do ponto de vista qualitativo, o que forneceria subsídios, inclusive, para um *feedback* de maior qualidade.

Por outro lado, a dificuldade em comparar as classificações e formar *rankings* é apontada como uma grande desvantagem. Por isso, essa avaliação não é simples quando se quer chegar a um número (pontuação, por exemplo). Nesses casos, é necessário o suporte de um instrumento mais formal.

Ferramentas de Avaliação e Gestão de Desempenho **133**

Para Pensar

Até que ponto um processo de avaliação pode ser totalmente qualitativo? Qual a importância de considerar metas quantitativas ao se avaliar o desempenho das pessoas?

A maior crítica ao método do relatório de *performance* é a alta possibilidade de que o avaliador fique preso à impressões pessoais sobre o outro. Mesmo considerando que todo processo de avaliação terá um forte componente de subjetividade, fica a sensação de que nesse caso essa subjetividade será exacerbada.

▷ EXERCÍCIO DE APLICAÇÃO

Redija um relatório de *performance*, considerando um empregado que você conheça. Em último caso, redija esse relatório considerando o seu próprio desempenho, como se fosse seu próprio avaliador.

_____

_____

_____

_____

_____

_____

◥ Avaliação por resultados

A avaliação por resultados é bastante simples. Nela, o avaliador faz uma comparação entre o desempenho do avaliado e o que havia sido previsto. Essa comparação, normalmente convertida em percentual, gera um valor que será a "nota" do avaliado. Veja o exemplo de uma avaliação por resultados de um empregado de uma empresa de *call center*:

Avaliado:		Data:	
Avaliador:		Ciclo de avaliação:	
Indicador	Meta	Realizado	Resultado
TMA (tempo médio de atendimento)	120 segundos (máximo)	150 segundos	125%
Venda de produtos	10 produtos por mês (mínimo)	8 produtos por mês	80%
Assiduidade	100%	95%	95%
Nota final	100%		83,33%

Muitas organizações utilizam esse método de avaliação porque ele é simples e objetivo. O desempenho do funcionário é previsto obedecendo a metas que podem ser mensuradas, e o resultado tende a ser identificado por meio de sistemas que são reconhecidamente isentos.

Como todos os modelos de avaliação, este também está sujeito a críticas. A crítica mais comum diz respeito ao levantamento dos dados. Por mais que as organizações preguem que buscam processos isentos de subjetividade, o resultado final acaba sendo lançado pelo avaliador. Outro ponto bastante comum que se discute sobre esse método é a própria definição da meta. Quando se estabelece uma meta inatingível, todo o processo de avaliação fica prejudicado e a suposta falta de subjetividade é perdida.

Para Pensar

Como minimizar a possível subjetividade da avaliação por resultados? Em outras palavras, como fazer para garantir metas que sejam possíveis de serem atingidas e a segurança na coleta dos dados reais?

◤ Avaliação por objetivos

A avaliação por objetivos é extremamente similar à avaliação por resultados. A diferença é que a avaliação por resultados sempre permitirá que se converta o

Ferramentas de Avaliação e Gestão de Desempenho — **135**

desempenho do empregado em um número. Na avaliação por objetivos, alguns objetivos são traçados ao início do ciclo avaliativo. Esses objetivos podem ou não ser convertidos em números — na maioria das vezes não será possível.

Por exemplo, é possível traçar uma avaliação por objetivos de um profissional da área de compras da seguinte forma:

- Identifica uma empresa parceira no mercado para a terceirização de mão de obra operacional.
- Providencia a compra de terreno para a construção da nova sede da empresa.

Note que ambos os objetivos podem ou não ser convertidos em números. Mas o funcionário só será bem avaliado se o fizer. No primeiro caso, o momento da avaliação deverá se prender à resposta da seguinte pergunta: foi identificada uma empresa parceira? Sim ou não? Se a resposta for sim, o objetivo foi atingido. Mas também seria possível traçar indicadores mensuráveis para esse objetivo, tais como percentual de redução no investimento, tempo de fechamento de contrato, entre outros.

As organizações que avaliam por objetivos tendem a defender que, muitas vezes, o número final não é o importante, e que o mais importante é a realização de um determinado objetivo. Isso se aplica a algumas realidades, mas não a todas. No próprio exemplo, o segundo objetivo não poderia prescindir do valor do fechamento do contrato.

▷ EXERCÍCIO DE APLICAÇÃO

Pense na organização na qual você trabalha ou em uma que você conheça. Agora, defina três objetivos que poderiam compor uma avaliação:

1. _____
2. _____
3. _____

Agora, transforme esses objetivos em indicadores que possam formar uma avaliação por resultados:

1. _____
2. _____
3. _____

◤ Padrões de desempenho

Os padrões de desempenho ainda são muito utilizados e frequentemente confundem-se com outras estratégias de avaliação. Nesse modelo, a organização decide, de forma unilateral, o padrão que será adotado para medir e avaliar o trabalho das pessoas. Em outras palavras, a organização define indicadores e critérios, capacita os avaliadores e realiza o ciclo de avaliação.

A principal vantagem desse modelo é a clareza do que a organização espera de cada um de seus empregados. Por exemplo, uma organização que produz sapatos pode definir que em seu padrão de desempenho cada operário terá que produzir X sapatos por mês. Dessa forma, cada funcionário que trabalha na linha de produção tem clareza de que, ao final do ciclo, será cobrado por aquela produção.

Por outro lado, esse modelo sofre muita crítica, já que não considera a participação dos trabalhadores. Essa desconsideração pode levar a empresa a criar padrões que são inatingíveis. Ou, ainda mais comum, a aumentar cada vez mais o padrão de acordo com o desempenho da equipe, chegando ao momento no qual a equipe não consegue mais atingir o padrão. Isso pode ser muito grave se houver remuneração atrelada à avaliação. Veja este exemplo: uma equipe de vendas recebe remuneração variável pelas vendas que superam a meta estabelecida. A seguir, apresentamos o histórico da meta e do realizado.

Veja um exemplo:

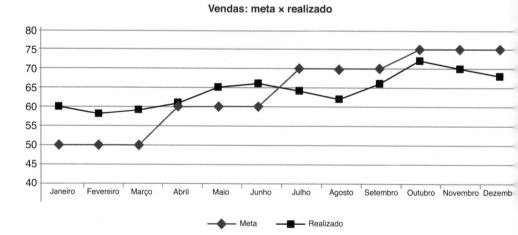

Note que a organização utilizou seu poder de definir o padrão para fazer com que todos os empregados não conseguissem mais atingir as metas. Até determinado ponto, o uso dos padrões de desempenho auxilia para que se aumente a produtividade. A partir de então, eles servem exclusivamente em favor da instituição e (algumas vezes) contra os interesses do empregado.

Para Pensar

Você conhece alguma empresa que utilize os padrões de desempenho da avaliação contra o empregado? Como isso funciona? Quais os dilemas éticos envolvidos nessa questão?

▷ EXERCÍCIO DE APLICAÇÃO

Tome uma organização como exemplo. Pode ser aquela na qual você trabalha ou uma que você conheça razoavelmente. Agora, tente definir padrões de desempenho para um determinado perfil (cargo ou função). Em seguida, verifique se houve alguma questão ética envolvida.

_____

_____

_____

_____

_____

_____

◥ Frases descritivas

As frases descritivas são utilizadas para definir em uma única expressão um comportamento. A instituição define o comportamento ideal e pergunta ao avaliador se o avaliado demonstra tal comportamento. Nesses casos, o avaliador marca apenas "sim" ou "não". Na literatura, é possível encontrar quem confunda esse método com o da escolha forçada. A grande diferença reside na não obrigatoriedade de escolha de uma frase, mas somente na sinalização de que um comportamento é ou não é demonstrado.

Veja um exemplo:

Comportamento	Sim	Não
Demonstra respeito e cordialidade quando atende ao público.		
Tem a iniciativa de buscar solução para os problemas que aparecem.		
Tem capacidade de convencer os demais com seus argumentos, quando necessário.		
Demonstra equilíbrio emocional quando é contrariado.		

As frases descritivas servem essencialmente para avaliações qualitativas e voltadas ao comportamento do avaliado. Essa vantagem é, também, sua desvantagem. Em outras palavras, uma organização que precise avaliar quantitativamente questões como produtividade, qualidade, assiduidade etc. não encontrará neste o modelo ideal.

Para Pensar

As frases descritivas podem ser utilizadas junto a outras técnicas de avaliação? Como essa relação seria estruturada?

Resumo Executivo

- Existem diversas formas de se medir o resultado das pessoas nas organizações. As principais formas são: Escalas gráficas de classificação; Escolha e distribuição forçada; Pesquisa de campo; Incidentes críticos; Comparação de pares; Autoavaliação; Relatório de desempenho (*performance*); Avaliação por resultados; Avaliação por objetivos; Padrões de desempenho; Frases descritivas.
- As escalas gráficas definem indicadores que devem ser graduados em escalas.
- A escolha forçada faz com que o avaliador necessariamente defina os "melhores" e "piores", já que terá uma "cota" para encaixar seus avaliados nas escalas.
- A pesquisa de campo é feita por um especialista em avaliação que vai diretamente ao posto de trabalho para analisar o desempenho.
- Os incidentes críticos separam as poucas situações que podem causar problemas e as avaliam em detrimento das muitas que não influenciam ou influenciam pouco no processo produtivo.
- A comparação por pares avalia, par a par, diversas pessoas. A ideia é que a relação entre as avaliações faça sentido para avaliadores e avaliados.
- A autoavaliação exige que cada empregado realize sua própria avaliação. É usada como um modelo auxiliar.
- O relatório de desempenho (*performance*) é uma descrição livre do comportamento do avaliado. Por isso, é tratada como uma avaliação informal.
- A avaliação por resultados mede exclusivamente o resultado que cada pessoa apresentou.
- A avaliação por objetivos não se prende ao resultado, mas à realização de um determinado objetivo.
- Os padrões de desempenho são estabelecidos pela organização para definir o que se espera de cada indivíduo.
- As frases descritivas descrevem o comportamento ideal, demandando ao avaliador que diga se o avaliado manifesta o comportamento ou não.

Teste Seu Conhecimento

1. Relacione o tipo de avaliação à sua explicação:

Escalas gráficas	* Avaliam apenas as situações críticas
Escolha forçada	* Cada funcionário avalia a si próprio
Pesquisa de campo	* É considerada uma avaliação informal
Incidentes críticos	* Tem uma cota para encaixar os avaliados nas escalas
Comparação por pares	* Descrição livre do comportamento do avaliado
Autoavaliação	* Feita por um especialista em avaliação
Relatório de *performance*	* Verifica o atingimento de objetivos
Avaliação por resultados	* Avaliação realizada por pares
Avaliação por objetivos	* A organização define o que espera do indivíduo
Padrões de desempenho	* Descrevem o comportamento ideal
Frases descritivas	* Mede o resultado detalhado de cada pessoa
	* Definem indicadores que devem ser graduados em escala

2. Escolha uma empresa aleatória e desenvolva o tipo de avaliação, considerando o instrumento, os critérios e os indicadores.

Capítulo 8

Quem Avalia Quem?

ESTUDO DE CASO

Desde que começou a trabalhar na empresa, Joana se perguntava por que a avaliação de desempenho era unilateral, de modo que só ela era avaliada pelo líder da equipe da qual faz parte. Em sua opinião, avaliar seu líder seria uma oportunidade de estreitar a comunicação entre líder e liderado, não só pelo reconhecimento da importância de ambos no trabalho da equipe, mas, também, por outros aspectos que poderiam melhorar a qualidade do trabalho, por exemplo, relacionados à forma como o líder conduz o grupo. Ela soube que na empresa em que sua melhor amiga trabalha os colaboradores são avaliados, mas também são avaliadores de suas lideranças.

Segundo sua amiga, essa prática melhorou muito o desempenho da equipe. Você acha possível o líder avaliar sua equipe e vice-versa? O que justifica sua resposta?

_____
_____
_____
_____
_____
_____

Em muitas empresas, a prática da avaliação de desempenho é unilateral: o líder avalia sua equipe. A ideia é que, sendo ele o responsável pelos resultados promovidos por sua equipe (positivos ou não), em algumas empresas, é comum que seja também sua responsabilidade informá-la sobre seu desempenho. Na prática, informá-la dos fatores que contribuíram para o sucesso do trabalho da equipe e o que deve melhorar em experiências futuras.

Essa não é a única forma de aplicar a avaliação de desempenho nas empresas. Como conta a amiga de Joana, é possível estender a avaliação a outros colaboradores que, direta ou indiretamente, influenciam o desempenho do avaliado. Por outro lado, cada líder, obviamente, tem seu desempenho influenciado pelo desempenho de cada um de seus colaboradores, não é mesmo? Isso explica a liderança da equipe da amiga de Joana ser avaliada pela equipe que lidera.

Também a autoavaliação do colaborador pode ser uma caminho para, junto com a avaliação feita pelo líder, construir uma relação de proximidade entre ambos, melhorar o desempenho individual e, consequentemente, do grupo. Alguns profissionais têm nessa experiência, inclusive, um meio para desenvolver seu autoconhecimento e melhorar sua autocrítica.

Para Pensar

Será que a avaliação de desempenho de um colaborador deve se limitar às fronteiras da empresa? Pense no trabalho de um vendedor: será que a avaliação de seu cliente externo pode fazer diferença no seu desempenho? E um professor? Será que a avaliação de seus alunos pode contribuir para confirmar seus pontos fortes e chamar sua atenção para aspectos que pode melhorar em seu trabalho?

Uma prática, adotada por algumas empresas, consiste em o colaborador ser avaliado pelo líder, colegas de equipe, pares na estrutura hierárquica, clientes internos e, em alguns casos, clientes externos. A ideia é traçar um "panorama de 360°" do desempenho do avaliado.

Assim, pode-se dizer que o "quem avalia quem?", em programas de avaliação de desempenho, pode variar de empresa para empresa.

> **Para Pensar**
>
> Quais seriam as vantagens e as desvantagens associadas à aplicação de formas distintas de avaliação de desempenho?

Neste capítulo, vamos tratar da relação de avaliadores e avaliados em quatro modalidades: o líder avaliando o colaborador; o líder e colaborador se avaliando mutuamente; o colaborador se autoavaliando e o colaborador (em posição de liderança ou não) avaliado em 360°.

Na prática, você poderá encontrar outros formatos de aplicação para a avaliação de desempenho. O intuito ao apresentarmos as quatro modalidades destacadas é despertar o leitor, partindo de práticas comuns em muitas empresas, para fatores importantes a serem considerados nesse processo, que se convertem em vantagens e desvantagens de cada formato. Assim, se for necessário à realidade de sua empresa que se adote outra variação de avaliação de desempenho, os pontos destacados neste capítulo poderão ajudá-lo na fase de implantação da ferramenta.

Líder avalia o colaborador

A modalidade de avaliação de desempenho adotada pela maioria das empresas é aquela em que o líder avalia seus colaboradores diretos, sua equipe. O entendimento é que o líder conhece sua equipe e pode ajudá-la na sua condução rumo aos objetivos da empresa. São analisados aspectos técnicos e comportamentais individuais, necessários ao alcance dos objetivos da empresa e à manutenção de relações interpessoais saudáveis no dia a dia dos colaboradores.

A adoção de uma avaliação de desempenho em que somente o líder avalia o colaborador pode ser justificada por certa rapidez na aplicação, se comparada às outras modalidades. Essa avaliação tem o propósito de confrontar o desempenho do colaborador com aspectos (mensuráveis ou não) previamente acordados com a equipe. Por exemplo, o volume de vendas de uma equipe de vendedores, o volume de treinamento realizado pela equipe de Recursos

Humanos ou, até mesmo, a capacidade do profissional em se relacionar com seus colegas de equipe. Em relação a esse último, recomenda-se orientar previamente o colaborador sobre valores básicos praticados na empresa, que norteiam o comportamento individual e coletivo no ambiente de trabalho.

Aplicada adequadamente, a ferramenta servirá a um de seus principais propósitos: o estreitamento das relações entre o avaliador e o avaliado (líder e colaborador, respectivamente). A avaliação deve estimular o diálogo e o entendimento, não despertar a ideia de que o líder pode punir seu colaborador, em função do poder legitimado que sua posição na empresa lhe confere.

Por outro lado, se somente o líder avalia o colaborador, pode-se perder a oportunidade de entender e registrar a influência de sua liderança no desempenho do avaliado em questão. É como se seu desempenho dependesse exclusivamente do próprio avaliado (o que não é verdade em alguns casos).

Para Pensar

O colaborador recebe influência de sua liderança e de seus colegas no dia a dia? Em caso positivo, como isso se reflete em seu desempenho?

Os colaboradores não atuam sozinhos no dia a dia, ou seja, seu desempenho não depende somente de seu esforço individual. Dependendo da posição que ocupe na empresa, pode depender:

- Do líder e de seu estilo de liderança (por exemplo, se esse líder centraliza as informações ou se estimula a participação de sua equipe na tomada de decisões);
- De seus colegas (como no caso de consultorias de RH, em que a elaboração de um programa de treinamento pode depender de mais de um consultor);
- Do trabalho de outros departamentos (na emissão de relatórios gerenciais, por exemplo); e até mesmo
- De seus clientes externos (quando indicam seu trabalho para outros clientes).

Assim, a avaliação unilateral do desempenho do colaborador expressa uma visão também unilateral dos fatos, ou seja, essa modalidade suprime as influências externas ao esforço do colaborador, na tentativa de alcançar objetivos preestabelecidos.

Outro ponto a se considerar é a "cultura" de avaliação de desempenho na empresa. Como o uso dessa ferramenta tem sido explorado nesse ambiente? Como algo que aproxima as pessoas, na medida em que possibilita o diálogo aberto? Ou como um mecanismo legitimado de punição do colaborador? Atenção: se a resposta a essa pergunta estiver ligada à punição, caracterizará o mau uso da ferramenta, podendo explicar uma eventual postura de silêncio ou de cinismo, adotada pelos colaboradores.

Vale Saber

O silêncio dos colaboradores caracteriza-se pela postura isenta de participação, adotada pelo colaborador que entende que participar, ou não, da tomada de decisão (sugerindo a caminhos a seguir) não alterará o fato de que o caminho determinado pelo líder será sempre o "melhor caminho". Sendo assim, abre-se mão de contribuir com opiniões e ideias.

O cinismo, nesse caso, como o nome sugere, é marcado pela adoção de uma postura cínica diante do que precisa ser executado. Assim, o colaborador passa a dizer ao líder o que ele quer ouvir, independentemente de acreditar ou não no que diz.

◉ Líder e colaborador se avaliam

Paralelamente à avaliação do colaborador feita pelo líder, pode-se adotar a avaliação do líder, feita pelo colaborador. Uma das vantagens de se adotar essa modalidade é que a avaliação de "mão dupla" promove sentimento de justiça. Ou seja, assim como o colaborador, o líder tem suas habilidades técnicas e comportamentais confrontadas com parâmetros preestabelecidos (ou esperados, em função do papel que desempenha na empresa) e sujeitas à percepção do colaborador (que, nesse momento, cumpre o papel de avaliador).

Essa modalidade também possibilita que o líder dimensione sua responsabilidade em relação ao desempenho de sua equipe. Lideranças percebidas como distantes ou inacessíveis provavelmente devem dificultar que suas equipes se aproximem e dividam seus problemas diários, de modo que o desempenho do grupo deve refletir, de alguma forma, as limitações impostas pela relação interpessoal estabelecida entre o líder e a equipe.

Também as exigências feitas às equipes devem ser redimensionadas se adotada a avaliação do líder pelo colaborador de sua equipe. Por exemplo, se é exigido da equipe que privilegie aspectos como multidisciplinaridade, o modelo vindo do líder deve servir-lhes de inspiração. Naturalmente, tal exemplo deve aparecer na avaliação do colaborador como um aspecto positivo do comportamento do líder que, certamente, deverá ser mantido.

Outra vantagem é o fato de que a avaliação feita por ambas as partes diminui a possibilidade de retaliação ao colaborador, assumindo-se que deve haver o entendimento mútuo de que o uso da ferramenta se destina à melhoria do desempenho e das relações interpessoais. No entanto, se usada inadequadamente, pode servir de instrumento de vingança por parte do colaborador, por exemplo, se este se sentir injustamente avaliado pelo líder. Assim, se o colaborador se sente injustiçado em sua avaliação, pode usar a avaliação de seu líder para destacar algum aspecto negativo, só para justificar seu próprio desempenho ou para "punir" aquele que, na sua opinião, o avaliou incorretamente.

Outro ponto importante: nessa modalidade, a avaliação pode parecer injusta ao líder, se aplicada por um colaborador que não tenha assumido posição de liderança em sua vida profissional. O questionamento que o líder fará é: "Como pode alguém que nunca esteve na minha posição avaliar meu desempenho, se não compreende algumas das limitações que tenho que enfrentar no dia a dia?" Para diminuir os efeitos de questionamentos dessa natureza, algumas empresas adotam formulários de avaliação diferentes: um para o líder avaliar o colaborador e outro para o colaborador avaliar seu líder.

⊙ Colaborador se autoavalia

A autoavaliação do colaborador tem sido adotada nas empresas como um meio de diminuir a subjetividade do olhar da liderança sobre o desempenho do colaborador. Assim, a avaliação do líder continua importante, mas é facultado ao colaborador o direito de se autoavaliar e comparar a impressão acerca de seu próprio desempenho com o olhar desse líder, em relação aos mesmos tópicos.

Outra vantagem do uso dessa abordagem é o estímulo ao autoconhecimento. Avaliar a si mesmo exige o exercício permanente de distanciamento no julgamento, visando reconhecer suas próprias limitações. A tendência é que o incômodo promovido pela autoavaliação mostre aspectos que precisam melhorar, despertando o colaborador para a necessidade de sair de sua "zona de conforto" e fazer algo para reverter a situação. Por exemplo, se o item autodesenvolvimento não é um aspecto forte na autoavaliação do colaborador, pode servir de estímulo a que busque, por exemplo, um curso de pós-graduação.

Vale chamar a atenção para o fato de que a autoavaliação do colaborador pode revelar uma autoimagem distorcida, por exemplo, por ele achar que já faz o possível e, mais do que isso, o necessário para alcançar os objetivos da empresa. Corre-se o risco de apresentar-se diante do líder com certa arrogância, típica daqueles que acham que não têm nada para melhorar. Ou seja, o que poderia aproximar as partes e promover uma discussão construtiva pode revelar-se conflitante.

⦿ Colegas avaliam o colaborador

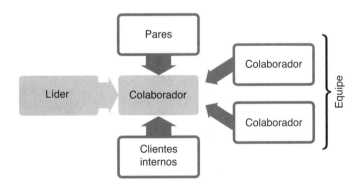

Essa modalidade mostra-se adequada a empresas cuja "cultura" organizacional favoreça o entendimento do *feedback* como um meio para o desenvolvimento pessoal e profissional. Somam-se ao parecer do líder as avaliações dos colegas (da própria equipe, de pares de outros departamentos e de outros clientes internos). Dessa forma, o colaborador pode ver reconhecidos pelos colegas pontos positivos pelos quais tanto se esforça.

O aumento da confiança e o estreitamento das relações podem ser consequências da aplicação dessa modalidade de avaliação de desempenho, uma vez que o grupo experimenta a valorização de um colaborador, sem que isso diminua as virtudes de cada colega que o avaliou, virtudes essas que, em momento apropriado, também serão colocadas em destaque. Essa modalidade, no entanto, exige certa maturidade profissional da equipe, sob pena de despertar relações conflitantes, fruto de sentimentos como ciúme, inveja, despeito etc., não só comprometendo a avaliação de desempenho como afetando as relações interpessoais.

⦿ Cliente externo avalia o colaborador

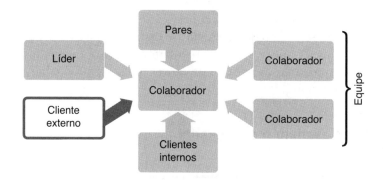

A modalidade de avaliação de desempenho em que o colaborador é avaliado pelo líder, outros colaboradores na equipe, pares de outras áreas e clientes externos é conhecida como avaliação 360°. Acredita-se que por meio desse tipo de avaliação tem-se uma visão "completa" do desempenho de um profissional. Vale dizer que em algumas empresas em que se aplica essa modalidade de avaliação não se considera a visão do cliente externo.

Já falamos sobre as vantagens e desvantagens ligadas à avaliação do líder e dos colegas da empresa. Neste tópico, complementamos a análise com os efeitos gerados pela avaliação de um colaborador feita por um cliente externo.

Vejamos: pode-se afirmar que uma das vantagens, nesse caso, diz respeito ao registro da impressão de atores externos à empresa. Comparada à visão interna da empresa, a visão externa pode revelar aspectos que a rotina do trabalho, por vezes, ajuda a encobrir. Por exemplo, um vendedor que receba uma avaliação negativa em função de não conseguir entregar os produtos ao cliente no tempo acordado pode sugerir certa negligência na execução da tarefa, mas também pode indicar problemas de produção que exijam revisão dos processos internos (ou, em última instância, a revisão dos objetivos da empresa). Por outro lado, uma vez que a empresa tome alguma atitude que melhore o processo de entrega (troca do vendedor ou melhoria dos processos internos, neste exemplo), a avaliação de desempenho terá servido, inclusive, para afirmar o compromisso da empresa com o cliente externo.

Assim, a avaliação de um colaborador, feita por seus clientes externos, pode indicar pontos de melhoria para o profissional; revelar limitações da empresa que nada têm a ver com seu desempenho; e contribuir para a implantação de ações de melhoria na relação da empresa com seus clientes.

Chama-se a atenção para algumas desvantagens no uso da avaliação de desempenho feita pelo cliente externo. Se mal-aplicada ou comprobatória de problemas causados pela empresa, pode comprometer a relação do colaborador com seus clientes, já que uma característica importante em vendas (seguindo no mesmo exemplo) é a capacidade do vendedor em conquistar e manter seus clientes, tendo por base a credibilidade e a confiança. Pode também despertar a expectativa dos clientes em relação a ações de melhoria por parte da empresa, ainda que o que se queira saber na avaliação seja tão somente a percepção do cliente sobre o desempenho do colaborador.

Finalmente, um aspecto para o qual se deve destinar atenção é, na verdade, um desvio no propósito da avaliação de desempenho. O cliente, ao elaborar a avaliação, pode respondê-la visando seus interesses particulares, comprometendo o próprio colaborador. Por exemplo, em função de sua insatisfação com os prazos de pagamento adotados pela empresa, o cliente pode registrar na avaliação algo como "o colaborador não me ajuda a aumentar o prazo de pagamento de 30 dias para 90 dias". É importante lembrar que nem sempre o colaborador tem autonomia para satisfazer seus clientes em demandas específicas.

⊙ Vantagens e desvantagens na aplicação da avaliação de desempenho

O quadro a seguir traz um resumo das vantagens e desvantagens na aplicação pelo líder, pelos pares, clientes internos e clientes externos, quando da avaliação do desempenho de um colaborador. Da mesma forma, apresenta as vantagens e desvantagens quando o colaborador se autoavalia. Vejamos:

Avaliador	Avaliado	Vantagens	Desvantagens
Líder	Colaborador	- Promove rapidez na aplicação. - Permite o confronto do desempenho com aspectos previamente acordados. - Possibilita estreitar a comunicação com o avaliado (e, em última instância, com a equipe).	- Suprime influências externas, que não dependem do esforço do colaborador. - Apresenta uma visão unilateral do desempenho do colaborador. - Possibilita o mau uso da ferramenta, no sentido de punir o avaliado.
Colaborador	Líder	- Promove sentimento de justiça. - Possibilita ao líder dimensionar sua responsabilidade em relação ao desempenho de sua equipe. - Diminui a possibilidade de retaliação a um colaborador.	- Avaliação pode ser percebida injusta se aplicada por colaborador que não tenha assumido posição de liderança. - Pode servir de instrumento de retaliação por parte do avaliado.
Colaborador	O próprio colaborador	- Estimula o autoconhecimento. - Desperta o colaborador para a necessidade de sair da "zona de conforto".	- Pode refletir uma autoimagem distorcida.
Equipe, pares e clientes internos	Colaborador	- Possibilita o estreitamento das relações. - Sugere maturidade profissional da equipe. - Estimula o reconhecimento do desempenho do outro.	- Pode despertar relações conflitantes.
Cliente externo	Colaborador	- Reflete a impressão dos atores externos à empresa. - Afirma o compromisso da empresa com o cliente externo. - Possibilita aplicar ações de melhoria na relação da empresa com seus clientes.	- Pode revelar limitações da empresa que nada têm a ver com o desempenho do colaborador. - Pode comprometer a relação do colaborador com seus clientes. - Desperta a expectativa dos clientes em relação a ações de melhoria por parte da empresa.

ESTUDO DE CASO

Na empresa em que trabalha a amiga de Joana, adota-se a avaliação do líder, feita pelos colaboradores. Que cuidados devem ser tomados, nesse caso?

_____

_____

_____

_____

_____

_____

◉ Pontos de atenção quando da aplicação da avaliação de desempenho

Para Pensar

Será que os profissionais encontram condições mínimas para avaliar uns aos outros na organização? Ou o próprio clima organizacional contribui para distorções no uso da ferramenta?

Não importa o formato de avaliação de desempenho adotado pela empresa, é preciso que os profissionais sejam preparados para atuarem como avaliadores e avaliados. Lembre-se de que a avaliação de desempenho é um registro formal de uma prática (a prática do _feedback_) que deve ser permanente no ambiente de trabalho, sem que as pessoas se sintam, de alguma forma, ameaçadas.

Nesse sentido, alguns pontos merecem atenção:

- *Feedback* permanente faz parte da cultura organizacional ou só é possível ao avaliado conhecer seu desempenho no período formal de avaliação de desempenho?
- Na relação do avaliador com o avaliado, discordâncias durante a avaliação de desempenho levam a questionamentos e esclarecimentos mútuos ou à retaliação, muitas vezes direcionada ao avaliado?
- O momento da avaliação de desempenho estimula a empatia entre avaliador e avaliado, ou seja, ambos têm a oportunidade de analisar a situação na perspectiva um do outro?
- Ao colaborador é facultado o direito de negociar os parâmetros adotados para a avaliação (por exemplo, suas metas), estimulando que se sinta responsável pelos resultados alcançados?
- Destina-se tempo suficiente e busca-se um ambiente de avaliação que gere sensação de conforto, especialmente para o avaliado?
- A ferramenta tem sido usada adequadamente ou sua aplicação distorcida a aproxima de um "mecanismo de punição"?
- O conteúdo da avaliação possibilita o desenvolvimento do avaliado?

ESTUDO DE CASO

Em algumas empresas, o momento da avaliação de desempenho é cercado por certa tensão e expectativa. Você concorda com a afirmação? Por quê?

_____
_____
_____
_____
_____

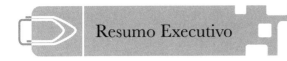
Resumo Executivo

- Entre os formatos de avaliação de desempenho, o mais comumente adotado é o do líder avaliando o colaborador de sua equipe;

- Há outros formatos de avaliação de desempenho que se somam à avaliação do líder: o colaborador avaliando o líder; o colaborador se autoavaliando; o colaborador sendo avaliado por seus colegas (de equipe, pares de outros departamentos e outros clientes internos); e o colaborador sendo avaliado por todos os atores que afetam, ou são afetados, direta ou indiretamente seu desempenho (o que, por vezes, inclui os clientes externos);

- Outras modalidades podem ser adotadas pelas empresas, adequadas à sua realidade;

- Há vantagens e desvantagens na aplicação das diferentes modalidades de avaliação de desempenho;

- Alguns pontos demandam atenção quando da aplicação da avaliação de desempenho: cultura organizacional que contemple *feedback* permanente; entendimento mútuo × retaliação; estímulo à empatia entre avaliador e avaliado; negociação dos parâmetros a serem avaliados; sensação de conforto no momento da avaliação; uso adequado da ferramenta × mecanismo de punição; e desenvolvimento profissional.

Teste Seu Conhecimento

1. Dentre as modalidades de avaliação relacionadas, considerando-se as vantagens a elas atribuídas, qual aquela que você considera mais fácil e produtiva em sua implantação? Por quê?

2. Dentre os pontos de atenção relacionados, qual o que você acha mais preocupante no dia a dia das empresas? Por quê?
3. O que caracteriza uma avaliação 360°?
4. Em sua opinião, é possível aplicar a avaliação 360° para todos os colaboradores de uma empresa?

Capítulo 9

Planejando o Futuro: *Feedback* e Contrato de Desempenho

ESTUDO DE CASO

Joana disse a um colega de trabalho que o *feedback* que você recebe na avaliação de desempenho possibilita o planejamento de seu futuro na empresa. Paralelamente, ela enfatizou que cabe ao colaborador comprometer-se com seu próprio desempenho. Você concorda com o que disse Joana? Que questões vêm à sua mente a partir do que ela falar?

_____
_____
_____
_____
_____
_____

A busca voluntária por um emprego leva ao estabelecimento de um contrato formal entre a empresa e o colaborador em que se descrevem os direitos e deveres de ambas as partes. Paralelamente, também é estabelecido um contrato psicológico entre a empresa e o colaborador que, embora não esteja escrito, resulta em expectativas, também, para ambas as partes. Ou seja, estão em jogo o que a empresa espera do colaborador e o que o colaborador espera da empresa, ainda que cada parte interprete distintamente o que lhe cabe no acordo. São acordadas psicologicamente questões que passam por senso de justiça, mérito, lealdade, condições adequadas de trabalho, clareza na comunicação, desempenho, *feedback*, entre outras.

Considerado o contrato psicológico em perspectiva, a fala de Joana convida o leitor a pensar sobre um aspecto que deve decorrer da aplicação de desempenho: a expectativa de planejamento do futuro do colaborador na empresa. Como já citado, o parecer do avaliador deve destacar as aptidões do colaborador e as características e habilidades que demandam atenção, em relação à posição ocupada na empresa. No entanto, é a ideia de retroalimentação de informações (popularmente conhecida como *feedback*) que confere dinamismo ao processo. Como o título deste capítulo sugere, o *feedback* recebido deve orientar a empresa sobre o desenvolvimento do colaborador e despertá-lo para o compromisso com seu próprio desempenho. Mais um motivo para que os profissionais de Recursos Humanos primem pela adoção adequada da avaliação de desempenho.

Algumas questões parecem desafiadoras, nesse sentido, uma vez que a relação dos colaboradores com as empresas é afetada não só pelo que é determinado na missão, visão e valores da empresa, mas também pelos valores pessoais, formação educacional e histórico profissional de tais colaboradores. Essa combinação confere complexidade à aplicação da ferramenta. Nosso foco volta-se, portanto, àquilo que é passível de controle da empresa, que pode dificultar a aplicação adequada da ferramenta, e à relação de avaliadores e avaliados em relação ao *feedback*, aspecto essencial à avaliação de desempenho.

⊙ O que pode estar "nas mãos" das empresas

Ao longo dos capítulos deste livro, enfatizou-se o quão importante é a aplicação adequada da avaliação de desempenho. Na prática, o que isso significa? Quando se trata de relações que envolvem o fator humano, respostas simples e taxativas são relativamente difíceis de estabelecer.

Como exercício, adota-se aqui outra perspectiva: a do uso inadequado da avaliação para se chegar o mais próximo do que seria adequado, nesse caso. Por exemplo, relacionam-se alguns fatores que indicam o uso inadequado da ferramenta, passíveis de controle por parte das empresas:

- **Falta de parâmetros predeterminados para a avaliação do desempenho esperado**, tornando o parecer um simples reflexo da percepção do avaliador.
- **Desvinculação da avaliação do gerenciamento de Recursos Humanos**. Desse modo, o *feedback* é um registro "estático" e não está associado ao desenvolvimento profissional do avaliado (em última instância, ao desenvolvimento organizacional).
- **Cultura organizacional que subestima a importância da avaliação de desempenho**, o que, além de desvirtuar os objetivos da

aplicação da ferramenta, pode contribuir para estabelecer uma cultura de descrédito em relação às "promessas" da organização.
- **Restrição da avaliação à política salarial**, ou seja, pareceres positivos servindo somente ao aumento salarial. Embora aparentemente positiva, a lacuna deixada pela incipiente ligação da avaliação com outras funções, como desenvolvimento e treinamento, pode comprometer o desempenho futuro do colaborador no longo prazo, limitando, inclusive, a possibilidade futura de melhorar sua remuneração.
- **Avaliação restrita a uma pessoa de nível hierárquico superior**. Embora uma prática comum em muitas empresas, há a possibilidade de o parecer do avaliador ser influenciado por fatores como relacionamento interpessoal com o avaliado ou estereótipos nos quais se baseiam alguns preconceitos, entre outros, não garantindo neutralidade ao resultado da avaliação.
- **Alguns funcionários não são avaliados**. Desse modo, a avaliação não fornece uma "fotografia completa" para que a área de Recursos Humanos possa determinar ações de melhoria em função de seu resultado. Além disso, o fato de nem todos os colaboradores serem avaliados traduz uma situação que não é igualitária entre os colaboradores.

Os tópicos relacionados não esgotam as possibilidades de aplicação inadequada de uma avaliação de desempenho. Como proposto, servem como ponto de atenção aos profissionais de Recursos Humanos no sentido de melhorarem as práticas organizacionais rumo ao que se pode considerar o uso adequado de determinada ferramenta. São questões que devem afetar a percepção do colaborador acerca do contrato psicológico estabelecido com a empresa e, em última instância, sua atitude colaborativa rumo ao alcance de resultados.

Correia e Mainardes (2010) enfatizam que contratos psicológicos são estabelecidos entre empresas e colaboradores, assumindo-se que as partes oferecem algo para o qual há uma contrapartida, implicando obrigações mútuas para ambas as partes.

As "cláusulas vigentes" nesse contrato não são estáticas. Modificam-se ao longo do tempo em que o colaborador permanece na organização, na medida em que se modificam as necessidades dos indivíduos e da própria organização.

CAPÍTULO 9

⦿ Avaliador, avaliado e o *feedback* na avaliação

ESTUDO DE CASO

Joana escutou um colega de trabalho dizer: "Não me importo de receber *feedback* no trabalho, dependendo de quem me der o parecer, claro." Joana ficou intrigada; afinal, se seu colega não se importa de receber *feedback* no trabalho, será que faz mesmo diferença quem lhe dará o *feedback*? O que você pensa sobre o assunto? Concorda com o colega de Joana ou, assim como a ela, essa situação o intriga? Por quê?

_____
_____
_____
_____

Alguns avaliadores se dizem confortáveis em dar *feedback*, muitas vezes, seguros de que sua posição na empresa os legitima a fazê-lo. Assim, pautando-se por sua posição na organização, é possível que a opinião do avaliado sobre o *feedback* recebido não o faça repensar seu parecer. Como consequência, em alguns casos, a tensão na avaliação leva o avaliado a concordar com a posição do avaliador e assinar o formulário, confirmando seu parecer. Se estivermos diante de um caso em que o avaliado foi bem na avaliação, menos mal. No caso de avaliações cujo registro de aspectos a melhorar pode comprometer a imagem do avaliado, inclusive com a área de Recursos Humanos (responsável por acompanhar paralelamente o desempenho dos colaboradores), os efeitos da avaliação podem ser de curto prazo, mas devem impactar os planos futuros para o avaliado dentro da empresa.

Por outro lado, pode-se notar, com alguma facilidade, que há avaliados que, assim como o amigo de Joana, se dizem "abertos a receber *feedback* sem muito problema, dependendo de quem der o *feedback*". O que isso significa exatamente? Isso vale para o *feedback* positivo e para o negativo, na mesma proporção? Ou só para o negativo, que pode surpreender, aborrecer ou soar injusto ao avaliado? Quaisquer que sejam o motivo e as condições, espera-se que o avaliado se coloque à disposição do avaliador para ouvir em que seu potencial pode ser melhorado, a fim de melhorar seu próprio desempenho.

Uma das funções da avaliação é disponibilizar informações para a área de Recursos Humanos, relacionadas com o desempenho de cada colaborador. Se pudéssemos transformar o desempenho da organização em uma fotografia, na perspectiva de Recursos Humanos, seria algo como uma rede formada por um conjunto de pontos. Cada ponto, nesse caso, corresponde ao desempenho de cada colaborador. Não obstante, diferentemente de uma fotografia, o desempenho individual e o corporativo são dinâmicos, o que explica o fato de a área de RH ter no resultado de cada avaliação um meio para pensar o futuro dos recursos humanos da empresa, sistematicamente.

A avaliação é um meio pelo qual o setor de RH identifica os profissionais para quem ações de treinamento de desenvolvimento serão importantes; justifica que colaboradores podem ser transferidos de área ou promovidos; revisa suas políticas, entre outras ações.

Ou seja, quanto mais bem preparados estiverem avaliadores e avaliados para dar e receber *feedback*, respectivamente, melhores as chances de a área de RH fazer uso adequado dos resultados de avaliação de desempenho.

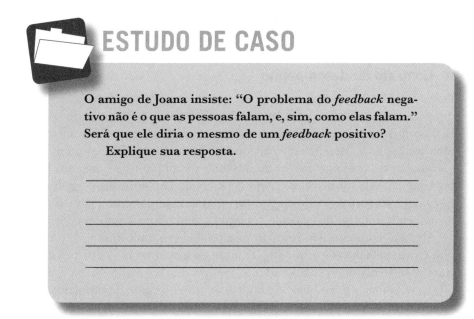

ESTUDO DE CASO

O amigo de Joana insiste: "O problema do *feedback* negativo não é o que as pessoas falam, e, sim, como elas falam." Será que ele diria o mesmo de um *feedback* positivo?
   Explique sua resposta.

_____
_____
_____
_____
_____

164 _____ CAPÍTULO 9

Se pensarmos que em boa parte das empresas quem avalia o colaborador é sua liderança, o colaborador já sabe de antemão quem o avaliará. O que torna ainda mais intrigante a ideia de que "depende de quem der o *feedback*".

Essa é uma questão crônica à qual serão submetidos avaliadores e avaliados, se não forem preparados para a aplicação da ferramenta de avaliação de desempenho. Embora amplamente adotada pelas empresas, a avaliação de desempenho exige o preparo (ou, se preferir, treinamento) daqueles que assumirão as posições de avaliadores e avaliados, antes da aplicação efetiva dessa ferramenta.

Para Pensar

As empresas deveriam desenvolver mecanismos permanentes para preparar seus colaboradores para dar e receber *feedback*. No momento da implantação da avaliação de desempenho na empresa, é relativamente fácil fazê-lo. No entanto, à medida que outros colaboradores chegam, pontos relativos à importância do *feedback* na cultura da empresa poderiam ser ressaltados, por exemplo, no Programa de Ambientação.

◉ Contrato de desempenho

Destacaram-se neste capítulo algumas questões que dependem da empresa e de seus colaboradores, e que devem contribuir para que o avaliador e o avaliado construam uma relação de confiança, intermediada pelos resultados de uma avaliação de desempenho adequada. Mais do que isso, está em jogo a construção do caminho futuro do avaliado na empresa. Se, por um lado, o planejamento do futuro do avaliado depende de um ambiente organizacional favorável e da assertividade do *feedback* do avaliador, por outro, deve representar um compromisso do avaliado consigo mesmo e com a empresa.

Algumas empresas têm como prática estabelecer um contrato de desempenho entre avaliadores e avaliados. Trata-se de um formulário em que se registram as atribuições do colaborador, e, conforme o resultado de sua avaliação, listam-se os meios pelos quais ele pode buscar seu próprio desenvolvimento.

Planejando o Futuro: *Feedback* e Contrato de Desempenho ⎯⎯⎯⎯⎯⎯⎯⎯ **165**

Diferentemente do formulário de avaliação, em que aspectos técnicos se somam a outros, de natureza comportamental, os meios sugeridos pelo avaliador no contrato de desempenho enfatizam ações planejadas, voltadas ao desenvolvimento técnico do avaliado, que podem, futuramente, torná-lo elegível para assumir novas responsabilidades dentro da empresa. Essas ações refletem, portanto, o planejamento do que pode contribuir positivamente para o futuro do avaliado na empresa. São exemplos de ações planejadas, nesse caso: a participação do avaliado em programas e cursos específicos, palestras, seminários, congressos, estágios, entre outros.

Veja, a seguir, o exemplo de um contrato de desempenho utilizado por uma empresa brasileira:

Contrato de Desempenho

Empresa XPTO

Colaborador:
Avaliador:
Data:

O colaborador terá como atribuições:

- **Atuar no processo de elaboração de procedimentos da Gerência de Treinamento Presencial;**
- **Participar de encontros interdepartamentais, como representante titular do departamento;**
- **Ministrar cursos de Formação de Instrutores;**
- **Atuar como coordenador de turma;**
- **Atuar como instrutor de Programas de Ambientação;**
- **Atuar como divulgador do Programa de *Trainees* em universidades; e**
- **Auxiliar a Coordenadora de Treinamento e Aperfeiçoamento no desenvolvimento de programas de treinamento específicos.**

Ações planejadas de desenvolvimento:

Indica-se para o colaboradora participação em curso de Instrutor de Treinamento e de Técnicas de Apresentação.

Prazo para o cumprimento do contrato:

De acordo,
Colaborador:
Avaliador:

▷ EXERCÍCIO DE APLICAÇÃO

Pesquise entre seus amigos se nas empresas em que trabalham se adota o contrato de desempenho ou algum outro meio que tenha objetivos semelhantes à prática em questão. Que benefícios tal prática tem proporcionado aos colaboradores da empresa?

_____
_____
_____
_____
_____

 Resumo Executivo

- Empresa e colaborador estabelecem, além de um contrato formal, um contrato psicológico que resulta em expectativas para ambas as partes.

- Alguns dos aspectos que podem contribuir para o uso adequado da avaliação podem estar "nas mãos da empresa".

- Neste capítulo, parte-se do uso inadequado da ferramenta como meio para promover uma reflexão sobre o que seria adequado.

- Paralelamente, chama-se a atenção para a necessidade de preparação de avaliadores e avaliados para dar e receber *feedback*, melhorando as chances de a área de Recursos Humanos fazer uso adequado dos resultados de avaliação de desempenho.

- Algumas empresas adotam um contrato de desempenho entre avaliador e avaliado, no qual são registradas as atribuições do colaborador, e, conforme o resultado de sua avaliação, listam-se os meios pelos quais ele pode buscar seu próprio desenvolvimento.

Teste Seu Conhecimento

1. Agora que você leu este livro, que tal começar a desenvolver seu planejamento para a implantação de desempenho em sua empresa?

Apêndice 1

Modelo de Avaliação de Desempenho

⊙ Avaliação de desempenho

Nome:_____

Cargo:_____

Tempo na função: _____Data: _____

EE = Excedeu expectativas   AE = Atingiu expectativas
PM = Precisa melhorar   I = Insatisfatório

Desempenho

1. Conhecimento técnico   EE   AE   PM   I

Dispõe de conhecimento e formação adequados
à posição que ocupa, demonstrando-os na
execução de tarefas.

2. Senso estético   EE   AE   PM   I

Dispõe de senso estético na sua apresentação
pessoal e na entrega de trabalhos.

3. Relacionamento interpessoal   EE   AE   PM   I

Estabelece bom relacionamento interpessoal
com seus pares e colegas, no sentido de manter
um ambiente favorável ao convívio e à execução
do trabalho.

4. Comunicação   EE   AE   PM   I

Demonstra adequado uso de comunicação
escrita e verbal; capacidade de ouvir e clareza
em suas colocações.

5. Liderança   EE   AE   PM   I

Demonstra capacidade de conduzir trabalhos,
atividades e equipes, rumo ao alcance de
objetivos preestabelecidos.

6. Autodesenvolvimento

Mostra-se atento às práticas que podem melhorar seu desempenho, sejam de ordem técnica ou comportamental.

EE AE PM I
☐   ☐   ☐   ☐

7. Autogerenciamento na execução de tarefas

Demonstra independência na entrega de tarefas dentro do prazo, capacidade de planejamento, controle e organização.

EE AE PM I
☐   ☐   ☐   ☐

8. Solução de problemas

Demonstra capacidade de análise de situações-chave, atento a contribuir com alternativas na solução de problemas.

EE AE PM I
☐   ☐   ☐   ☐

9. Outros (pontualidade, pensamento estratégico, produtividade etc.):

_____

_____

_____

_____

10. Comentários adicionais

_____

_____

_____

_____

_____

Assinatura do Empregado

_____

Assinatura do Supervisor

_____

Assinatura Gerência/Diretoria

Apêndice 2

Respostas – Teste Seu Conhecimento

Capítulo 1

1. Quais os processos de Recursos Humanos, e onde se enquadra a avaliação?

Os principais processos de gestão de pessoas são: agregar, aplicar, desenvolver, manter e monitorar pessoas. A avaliação é uma atividade ligada ao processo de aplicar pessoas.

2. Quais as principais atividades de RH que se relacionam com a avaliação? Qual a relação que esses processos estabelecem entre si?

Os principais processos de recursos humanos que se relacionam com a avaliação são: plano de carreiras, seleção, capacitação, comunicação interna, salários e legislação trabalhista.

A seleção pode alterar o perfil da vaga com base na avaliação. A capacitação recebe o resultado das avaliações como demanda de treinamento. A comunicação interna altera seus conteúdos ou formas para atender às necessidades trazidas na avaliação. Os salários agregam partes variáveis baseadas nos resultados da avaliação. E a legislação verifica se as questões legais foram respeitadas na avaliação de pessoas.

Capítulo 2

1. Defina com suas palavras o termo "gestão de desempenho".

Resposta individual.

2. Qual a relação entre a avaliação e a gestão de desempenho?

A avaliação é um dos instrumentos ou recursos que são utilizados para que se possa gerenciar o desempenho da organização. O acompanhamento desse desempenho, bem como a intervenção com vistas ao atingimento do planejado, é a gestão de desempenho propriamente dita.

3. Quais as principais características dos modelos de gestão a seguir:

a) Qualidade total

O foco está na qualidade e na busca pela padronização e redução de erros.

b) Administração por números

O foco está nos números definidos pelos investidores ou pela alta administração para serem alcançados pela força de trabalho.

176
APÊNDICE 2

c) Administração por objetivos
Sua principal característica é a assunção de compromisso da força de trabalho com seus objetivos individuais, estando estes necessariamente relacionados com os objetivos organizacionais.

d) Gestão sistêmica
Caracteriza-se pela íntima relação entre todos os sistemas de uma organização.

Capítulo 3

1. Defina com suas palavras o conceito de avaliação.
Resposta individual. Considerar que mede os resultados obtidos e se presta a auxiliar o desenvolvimento profissional, além de impactar nos resultados da organização.

2. Dê três características de uma avaliação correta.
Clareza de critérios, transparência do processo, consenso quanto aos indicadores, objetividade no que é levantado, relação amistosa entre avaliador e avaliado etc.

3. Sobre os princípios da avaliação, defina com suas palavras:
1) Consenso: concordância de todos em relação a critérios e condições.
2) Democracia: participação de todos os envolvidos.
3) Transparência: clareza dos critérios da avaliação.
4) Estímulo: entendimento da avaliação como uma oportunidade de crescimento.

4. Apresente três ações que podem ser tomadas para reduzir a ocorrência de vícios de avaliação.
• Registrar dados do período para evitar falta de memória;
• Capacitação dos avaliadores;
• Clareza dos objetivos da avaliação.

Capítulo 4

1. Quais as principais etapas do ciclo de avaliação de desempenho?
• Realizar o contrato de objetivos, indicadores e padrões de desempenho;
• Realizar a avaliação e replanejar;
• Acompanhar o desempenho.

Respostas – Teste Seu Conhecimento **177**

2. Cite as entradas e saídas da avaliação individual e organizacional.
Entradas no nível individual: julgamento de critérios, apresentação de desempenho × padrões e oferta de *feedback*.

Saídas no nível individual: recebimento do *feedback* e acordo do plano de ação individual.

Entradas no nível organizacional: consolidação do desempenho × padrão para toda a organização.

Saídas no nível individual: revisão do plano estratégico organizacional; estruturação de planos de ação.

3. Elabore um modelo de treinamento para avaliadores.
Resposta individual.

4. Desenvolva um exemplo de contrato de desempenho.
Resposta individual.

Capítulo 5

1. Como o aumento da longevidade populacional (um fator demográfico) pode afetar o processo de seleção de uma empresa? Considere que, em última instância, o desempenho do profissional contratado afeta o desempenho da empresa.
A resposta a essa pergunta não é simples nem única. A pergunta é, na verdade, um convite à reflexão. Usualmente o mercado de trabalho privilegia a juventude em detrimento da maturidade de alguns profissionais. Criam-se, inclusive, condições para atrair e reter jovens profissionais, apostando-se no vigor e na renovação que eles podem trazer para determinados ambientes de trabalho. Algumas profissões, de fato, demandam esforço físico, normalmente compatível com indivíduos jovens, o que pode afetar o desempenho de uma empresa. No entanto, o fenômeno da longevidade populacional em alguns países ampliou o período de atuação profissional dos trabalhadores, convidando os profissionais de RH a refletir sobre os critérios adotados em seleção, por exemplo, relativos à sua idade. Se, por um lado, o jovem profissional pode contribuir para o desempenho da empresa com características típicas da juventude, por outro, a contratação de profissionais maduros pode revelar talentos em consonância com formação acadêmica e profissional consolidadas, adquiridas ao longo de sua trajetória de vida.

2. Exemplifique um índice de recrutamento e seleção que poderia constar na perspectiva "Aprendizado e Crescimento" de um BSC.

Rotatividade (*turnover*) da empresa/rotatividade do segmento < ou = 1.

3. Sua resposta à pergunta 2 pode ser convertida em uma meta e ser acompanhada por uma avaliação de desempenho? Como?

O próprio índice, nesse caso, reflete uma meta: garantir que a rotatividade (*turnover*) da empresa seja menor ou igual à do segmento. Observa-se que outras metas, relacionadas com recrutamento, seleção, treinamento, retenção de talentos etc., devem contribuir para que se atinja a rotatividade considerada aceitável.

Capítulo 6

1. Conceitue os termos:

a) Competência
Uma entrega (produto ou serviço) baseada em uma combinação de conhecimentos, habilidades e atitudes.

b) Desempenho
Resultado de um rendimento por meio de um conjunto de indicadores.

c) Potencial
Capacidade que a pessoa tem de aprender a executar uma tarefa para a qual ainda não está preparada.

2. Explique a função das avaliações a seguir:

a) Avaliação de competência
Avaliação que explicita e analisa a entrega realizada pelas pessoas por meio da combinação de conhecimentos, habilidades e atitudes constituídos.

b) Avaliação de desempenho
Avaliação que identifica o resultado das pessoas por meio da comparação do rendimento real com o planejado.

c) Avaliação de potencial
Avaliação que identifica a capacidade que uma pessoa tem de, futuramente, assumir uma nova tarefa ou responsabilidade.

Capítulo 7

1. Relacione o tipo de avaliação à sua explicação:

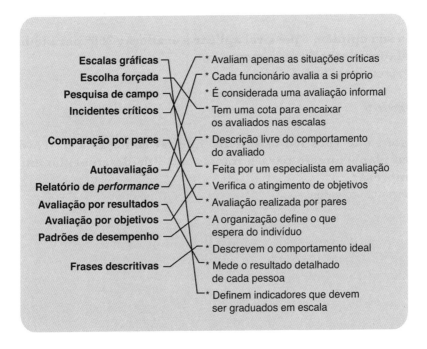

2. Escolha uma empresa aleatória e desenvolva o tipo de avaliação, considerando o instrumento, os critérios e os indicadores.
Resposta individual.

Capítulo 8

1. Dentre as modalidades de avaliação relacionadas, considerando-se as vantagens a elas atribuídas, qual aquela que você considera mais fácil e produtiva em sua implantação? Por quê?
Resposta individual.

2. Dentre os pontos de atenção relacionados, qual o que você acha mais preocupante no dia a dia das empresas? Por quê?
Resposta individual.

3. O que caracteriza uma avaliação 360°?

A composição do parecer sobre o desempenho de um profissional, nas diversas perspectivas em que pode ser avaliado (líder, colegas de trabalho e clientes externos).

4. Na sua opinião, é possível aplicar a avaliação 360° para todos os colaboradores de uma empresa?

Resposta individual.

Capítulo 9

1. Agora que você leu este livro, que tal começar a desenvolver seu planejamento para a implantação de desempenho em sua empresa?

Resposta individual.

Bibliografia

AUSTIN, J. E. **Managing in developing countries: strategic analysis and operating techniques.** New York: The Free Press, 1990.

BERGAMINI, C. W. **Psicologia aplicada à administração de empresas.** São Paulo: Atlas, 1976.

CORREIA, R.; MAINARDES, E. W. O desenvolvimento do contrato psicológico orientado para desempenhos de elevado rendimento. **Psico**, v. 41, n.º 2, pp. 266-277, abr./jun. 2010.

DEPRESBITERIS, L. Instrumentos de avaliação: a necessidade de conjugar técnica e procedimentos éticos. In: **Revista Aprendizagem.** Pinhais: Editora Melo, ano 1, n.º 1, jul./ago. 2007.

HAYDT, R. **Curso de Didática Geral.** 8. ed. São Paulo: Editora Ática, 2006.

JULIANO, M. de C. Aspectos conceituais da avaliação de desempenho. **Anuário da Produção Acadêmica Docente.** Vol. II, n.º 3, 2008.

LOTTA, G. S. Avaliação de desempenho na área pública: perspectivas e propostas frente a dois casos práticos. **RAE-eletrônica**, v. 1, n.º 2, jul.-dez./2002.

MERÇON, P. G. de A. Relação de trabalho: contramão dos serviços de consumo. **LTR: Revista Legislação do Trabalho,** v. 70, n.º 05, p. 590-598, maio de 2006.

PONTES, B. **Avaliação de desempenho – nova abordagem. Métodos de avaliação individual e de equipes.** 9. ed. São Paulo: LTR, 2005.

RUAS, R. et al. **O conceito de competências de A a Z – Análise e revisão das principais publicações nacionais entre 2000 e 2004.** In: Associação Nacional de Pós-graduação e Pesquisa em Administração (Org.). XXIX Encontro da Associação Nacional dos Programas de Pós-graduação em Administração. Resumos (p. 459). Brasília: 2007.

SILVEIRA, I. R. F. **O processo de acompanhamento na avaliação de desempenho por competências no Banco do Brasil.** 2007. Disponível em: <http://www.lume.ufrgs.br/bitstream/handle/10183/14023/000649613.pdf?sequence=1>. Acessado em: 20 maio 2009.

STREIT, C. L. **Desenvolvimento de competências individuais comportamentais associadas à inovação na gestão: a contribuição da aprendizagem organizacional.** Dissertação de Mestrado. Orientador: RUAS, R. L. UFRGS. Porto Alegre, 2001.

ZARIFIAN, P. **Objetivo Competência – Por uma nova lógica.** São Paulo: Atlas, 2001.

Índice

A

Administração
de recursos humanos, 5, 6
de salários, 7
por números, 30, 31
por objetivos (APO), 31, 32
monitorização, 32
prazos, 32
Agregar pessoas, 5
Agrupamento
por cargo, 104
por função, 104
por processo, 104
Análise
do ambiente organizacional, 82-84
nível
macro, 92
micro, 92
SWOT, 82, 85
ambiente interno, 87
Aplicar pessoas, 5
Atividades de RH, impacto, 10
Auditorias de recursos humanos, 7
Autoavaliação, 130-132
Automação dos processos de trabalho, 29
Avaliação(ões), 3-16, 37-53
ciclo básico, 55-76
classificatória, 48
cliente externo/colaborador, 150, 151
colaborador
autoavaliação, 148, 149
/líder, 147, 148
colegas/colaborador, 149, 150
competências, 95-117
comportamental, 106
conceito
em expressões, 48
em letras, 48
em notas, 48
consenso, 47
critérios de, 49
de competências, 100-108
apuração de resultados, 105
no mapeamento, 104
preparação de profissionais, 104
de conhecimento, 45, 46
de controle, 48
de desempenho, 3, 109-113
acompanhamento dos resultados, 66-68
aplicação adequada, 160
Banco do Brasil, 99
cultura organizacional, 160
desenho do cenário, 85-87
unilateral, 144
de pessoas, 4

de potencial, 113-116
de aprendizagem, 113-114
definição de um tipo, 99
democracia, 47
desempenho, 95-117
desvalorização, 51, 52
diagnóstica, 48
do desempenho, planejamento, 58
efeito de halo, 51, 52
estímulo, 47
falta
de memória, 51, 52
de técnica, 51, 52
feedback na, 162
ferramentas de, 119-140
força do hábito, 51, 52
formativa, 48
impacto, 14
interferência na, 110
líder/colaborador, 145
mal compreendida, 11
nível hierárquico, 161
objetivo
específico, 70
da unidade, 60, 61
estratégico, 59, 61, 64
individual, 60, 63
padronização de vieses, 127
parâmetros predeterminados, 160
por competências, 103
por objetivo, 134, 135
por resultado, 133, 134
posições contrárias, 51, 52
potencial, 95-117
restrição à política salarial, 161
subjetiva, 71
subjetivismo, 51, 52
supervalorização, 51, 52
suporte à gestão de desempenho, 79-93
tendência central, 51, 52
transparência, 47
unilateralidade, 51, 52
vícios de, 51
Avaliador(es)
desenvolvimento técnico, 165
objetivos, 69
relação com avaliados, 141-156
subjetividade do, 127
treinamento, 68-70
Avaliar, 141-156

B

Balanced Scored Card (BSC), 68
cliente, 88, 90
financeira, 88, 90
na avaliação de desempenho, 88-91

188 — ÍNDICE

perspectiva
    de aprendizagem, 88, 90
    de crescimento, 88, 90
    de processos internos, 88, 90
Banco de dados, manutenção, 7, 8

C

Capacitação, 6, 13
Cargos, descrição de, 5
Carl Rogers, 40, 41
Carreira, plano de, 10
Cartesianismo, 29
Checklist, 42
Ciclos de avaliação do desempenho, 68-75
Clima organizacional, 7
Competência(s)
    avaliação de
        apuração de resultados, 105
        no mapeamento, 104
        preparação de profissionais, 104, 105
    coletivas ou grupais, 103
    definição
        por Boterf, 102
        por Fleury e Fleury, 102
        Por Parry, 102
        por Zarifian, 101, 102
    individuais ou gerenciais, 102
    metodologias para identificação, 108
    na literatura da administração, 103
    organizacionais, 103
Comunicação
    interna, 13, 14
    plano de, 6
Constituição brasileira, 14
Contrato
    de desempenho, 74, 164, 165
        futuro, 157-167
    de objetivos, 61-65
    formal, 159
    psicológico, 159, 161
Controle estatístico dos processos, 29
Corrente(s)
    administrativa, 43, 44
    anticontratualista, 43, 44
    contratualista, 43, 44
        intervencionista, 43, 44
    liberalista, 42, 43
Critérios de avaliação, 49, 60
Custos de produção, 90

D

Departamento de planejamento, 63
Desempenho, 20, 22
    avaliação de, 4-10
    avaliar, 45
    comparabilidade de, 112

corporativo, 162
das pessoas, 22
de marca, 22
financeiro, 22
individual, 24-28, 163
medir, 45
mensuração de, 110
nas organizações, 17-36
organizacional, 22-28
parâmetros de, 112
planejado, 26
potencial, 27
real, 26
relatório de, 132, 133
testar, 45
últimas décadas, 22, 23
Desligamento de funcionários, 7
Distribuição forçada, método da, 124-126

E

Efeito de halo, 125
Empresa, ambiente análise do, 92
    externo
        ameaças, 86
        oportunidades, 86
    interno
        forças, 85
        fraquezas, 85
Escala gráfica, 123
Estratégia, desmembramento da, 59
Evolução tecnológica, 42

F

Feedback
    contrato de desempenho, 157-167
    na avaliação, 162
    na cultura da empresa, 164
    negativo, 162
    oferta de, 71, 72
        plano de ação, 73
    positivo, 162
    prática de, 153
    receber, 71, 72
    registro estático, 160
Ferramentas de avaliação de desempenho, 119-140
Fordismo, 28
Frederick Taylor, 28
Funcionário(s)
    desligamento, 7
    não avaliados, 161
    recrutamento, 7

G

Gap, 26, 33
    fatores geradores, 26

ÍNDICE

Gestão, 20
    abordagem, sistemática, 29
    acompanhar, 21
    ambiente do negócio, 83
    atividade estanque, 21
    ausência de, 22
    da qualidade total, 28-31
    de benefícios, 7
    de desempenho
        ambiente organizacional, 82-84
        diagnóstico, 24
        intervenção, 24
        nas organizações, 17-36
        planejamento, 24
    de marketing, 20
    de mudanças, 6
    de pessoas
        avaliações, 3-16
        subsistemas, 3-16
    dirigir, 21
    fatores
        ambientais, 83
        culturais, 83
        demográficos, 83
        econômicos, 83
    financeira, 20
    organizar, 21
    planejar, 20
    processo contínuo, 21
    sistêmica, 34
Gestor, 66
Grupo funcional, 104

H
Halo, efeito de, 125
Harvard Business School, 68
Headcount, 6
Henry Ford, 28

I
Incidentes críticos, 128, 129
Indicador(es)
    das competências, 107
    de critério, 25
    de desempenho, 60, 64
        individual, 65
    erro de cálculo, 25
Integração, 5
Interferências na avaliação, 110
International Standardization Organization, 30
ISO 9001, 30

J
Just in time, 30

K
Key performance indicators (KPI), 64

L
Legislação trabalhista, 7, 8, 14
Locação de pessoas, 5

M
Medef, 99
Mensuração
    de absenteísmo, 111
    de criatividade, 111
    de desempenho, 114
    de produtividade, 111
    do potencial, 114
Metas de defeito zero, 30
Método
    de avaliação
        autoavaliação, 130-132
        comparação de pares, 130
        da distribuição, 124-126
        da escala gráfica, 123
        da escolha, 124
        do incidente crítico, 128, 129
        frases descritas, 138
        por objetivo, 134, 135
        por resultado, 133, 134
        relatório de desempenho, 132, 133
    de relatório de performance, 133
Modelo(s)
    administrativo, relação de trabalho, 43, 44
    de avaliação informal, 132
    de competências, 98
    de escolha forçada, 124-126
    de frases descritivas, 138
    de gestão
        de desempenho, 28-33
        sistêmica, 33-38
    just in time, 30
    padrões de desempenho, 136, 137
    Toyota, 29
Monitorar pessoas, 7, 8

N
Normas de avaliação, 70

O
Objetivo(s)
    contratação de, 63
    específico da avaliação, 70
    estratégicos, 64
        da organização, 70
    organizacionais, 61
Organizações, 66
    objetivo estratégico, 70

P

Padrões de desempenho, 61-65, 136, 137
Performance, 22
Pesquisa de campo, 126-128
Peter Drucker, 31
Philipe Zarifian, 42, 100
Planejamento
   da avaliação, 68
      de desempenho, 58
   de sucessão, 114
   estratégico, 58, 59
      organizações
         privadas, 59
         públicas, 59
      futuro, expectativa de, 160
      locação de pessoas, 5
Plano(s)
   de ação
      estabelecido, 74
      estruturado, 73, 74
   de carreira, 6, 12, 13
   de comunicação interna, 6
   de sucessão, 96
Potencial
   compreensão de, 114
   das pessoas, 98
   de gestão, dos empregados, 114
Processo(s)
   avaliativo, 68
   controle estatístico, 29
   de administração, de RH, 4-10
   de agregar pessoas, 4, 5
   de aplicar pessoas, 4, 5
   de avaliação, 4
      áreas influenciadas, 15
      consenso, 47
      crítica, 45
      democracia, 47
      estímulo, 47
      integrado, 10-16
      malconduzido, 15
      objetivos, 100
      problemas
         comportamentais, 26
         processuais, 26
         técnicos, 26
      replanejamento, 68-74
      transparência, 47
   de desenvolver pessoas, 4, 6
   de *feedback*, 72
   de gestão, 25
      critérios, 25
      indicadores, 25
   de manter pessoas, 7
   de monitorar pessoas, 7, 8

de trabalho, automação, 29
de ambientação, 164
de qualidade de vida, 6

Q

Qualidade de vida, 6

R

Ranking, processo de criação, 48
Recrutamento, 5
   de funcionários, 7
Recursos humanos
   administração, 5, 6
   auditorias, 7
   ferramentas de, 92
   integração, 5
   recrutamento, 5
   seleção, 5
   subsistemas de, 13
Relações
   de trabalho, 23
      administrativa, 43, 44
      anticontratualista, 43, 44
      contratualista, 43, 44
      liberalista, 43, 44
   humanas, 23
Resultados
   acompanhamento de, 66-68
      controle individual do gestor, 67
      gestão à vista, 67
      por sistema de avaliação, 67
   de vendas, 90
   orientação para, 105
Retroalimentação de informações, 160
Revolução industrial, 20, 41
Rotatividade de atividades, 114

S

Salários, administração de, 7
Segurança do trabalho, 7
Seleção, 5
   de pessoas, 13
Society for Human Resource Management (SHRM), 9
Subsistemas de recursos humanos, 13

T

Taylorismo, 29
Teoria das relações de trabalho, 42
Total quality management (TQM), 29-31
Trabalho, segurança do, 7
Treinamento, volume de, 90

U

Universidade de Harvard, 20

Pré-impressão, impressão e acabamento

grafica@editorasantuario.com.br
www.editorasantuario.com.br
Aparecida-SP